どんなに
緊張してもうまく話せる!

「言いたいこと」が
思いどおりに伝わる
話し方のコツ

渡辺由佳 YUKA WATANABE

日本実業出版社

「どうしたら緊張せずに話せるようになりますか？」
私がこれまで一番多く受けてきた質問です。

私は、大学を卒業後、テレビ朝日に入局し、アナウンサーとして報道番組や情報番組に携わりました。その後独立して、現在は話し方や電話応対、マナーなどの企業研修の講師や、アナウンススクールや大妻女子大学で講師の仕事をしています。

アナウンサーを志望する大学生や、大学でコミュニケーションを学ぶ学生、プレゼンをするビジネスパーソン、大人数の前で講演をする経営者や各分野のプロフェッショナルなどに話し方を指導していると、かならずと言っていいほど冒頭の質問を受けます。

緊張すると、汗をかいたり、手足が震えたり、心拍数が上がってドキドキしたり、舌が回らなくて言葉に詰まったり……。体中がさまざまな感覚に襲われます。その結果、プレゼンやスピーチに失敗したという経験をしたことのある方も多いでしょう。このような感覚に襲われずに平常心で人前で話せたらどんなにいいかと誰もが思うはずです。

冒頭の質問を私がいつも受けるのは、「アナウンサーなら緊張しないだろう。緊張を克服する方法を教えてくれるに違いない」と多くの人が期待しているからでしょう。

ただたいへん心苦しいことに、私はその期待に応えることができません。それは、私の体に襲ってくる緊張感を完全になくす方法を私自身も知らないからです。

アナウンサー、話し方の講師なのにあがり症

私は「あがり症」で、アナウンサー時代も、現在も、人前で話すときには緊張してしまいます。

アナウンサー時代は、スタジオでまぶしいライトに照らされ「5秒前!」とカウントダウンが始まると、頭が真っ白になり、極度の緊張状態でしゃべっていたことが多

かったのです。

現在も、毎日のように緊張してしまいます。

毎週のように指導している大学生を相手にしても、今日の講義の内容は寝ずに聞いてもらえるだろうか。アナウンススクールの生徒に対しても、うまく彼、彼女たちの魅力を引き出してあげられるだろうかと不安になり、スクールへの道すがらドキドキしてしまいます。

ビジネスパーソンに向けて研修をするときには、鋭い質問にうまく答えられるだろうか、経営者や各分野のプロフェッショナルのみなさんの期待に沿えるようなノウハウを教えられるだろうかなどと、本番の数週間前からカレンダーを眺めては緊張し、ときには胃がシクシク痛くなることもあります。


そんな私にとって、**「緊張せずに話せる方法」は魔法のようなもの**です。そんな魔法があるのなら、私が教えてほしいぐらいです。

ただ、緊張することに悩む人に、私が自信と確信を持って伝えられることがあります。それは

「緊張していても大丈夫！」

ということです。

あがり症の私ではありますが、30年以上にわたってまがりなりにも「話す仕事」「伝える仕事」「教える仕事」に携わり、人前で話すことができています。

その秘訣は、「どんなに緊張していても話せる方法」を身につけているからだと自負しています。

緊張する人ほどうまく話せる理由

私は、みなさんに「緊張せずに話せる方法」をお伝えできませんが、「緊張しても話せる方法」ならお伝えできます。

本書を手にとっているみなさんは、

- **すぐに緊張してしまうことに困っていて、会議やプレゼンが苦手**
- **結婚式でのスピーチや面接など、人生の大切な場面をひかえていて、いまから不安になっている**
- **本番で言いたいことをうまく伝えられずに、悔しい思いをして、つぎこそはと思っ**

ている

という方ではないかと思います。

でも、安心してください。

こうした人には、緊張してもうまく話せる才能があります。くわしくは本文で触れますが、緊張をプラスのエネルギーに変えられる人だからです。

本書を読んで、みなさんが大切な場面で、緊張してもうまく話せるようになり、人生の大切なチャンスをつかんでいただければ、著者としてこれほどうれしいことはありません。

では、さっそく「どんなに緊張してもうまく話すための方法」を一緒に見ていきましょう。

2019年12月

渡辺由佳

『どんなに緊張してもうまく話せる！』　もくじ

第2章

「続きが聞きたい」と思わせる言葉で話す

第3章
聞き手の反応を見ながら話す

第4章

大切なのにだれも教えてくれない話し方と振る舞いの基本

第5章 実践！「日常シーン別」話し方のポイント

第6章 実践！「特別シーン別」話し方のポイント

カバーデザイン●根本佐知子（梔図案室）
カバーイラスト●川合翔子
編集協力●流石香織
本文デザイン・DTP●初見弘一（Tomorrow From Here）

プロローグ

緊張を「話すエネルギー」に変える

「どうしたら緊張せずに話せるようになりますか？」

はじめにでも触れたこの質問には、「緊張は悪いものだから、解消したほうがいい」という前提があります。多くの人が、「緊張さえなくなればうまく話せる」と考えていることがうかがえます。

でも、緊張をなくすことは、きわめて難しくて、「魔法」のようなものです。

「場数」で緊張は解消しない

「緊張しないようになるためには、場数を踏みなさい」

こうしたアドバイスを受けたことがありませんか。

でも、**人生には「場数を踏めないもの」が多い**ものです。

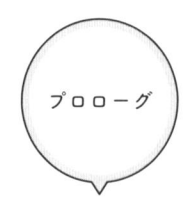

たとえば、私が指導しているアナウンサーを目指す学生たちは、第一志望の放送局がいきなり本番ということがよくあります。放送業界の採用活動は、さまざまな業界のなかでも最も早い時期に始まるからです。

結婚式もそうです。新郎新婦や親族、ゲストにとっても、その新郎新婦の結婚式は基本的には一度きりです。

仕事の大事な商談やプレゼンでも、本番一発勝負ということもあるでしょう。

このように、場数を踏むどころか、一度しかチャンスのない場面が多いのです。ですから、**「場数を踏め」というアドバイスで、緊張を解消するのは難しい**といえます。

じつは、私自身、極度のあがり症で、「どうしたら緊張をなくせるか」と悩んでいました。

新人アナウンサーのころ、月曜から金曜まで午後2時55分からと、午後5時55分から始まるスポットニュースを担当していました。

緊張しながら原稿を読んでいると、滑舌はままならない、読み方は下手、挙げ句の果てには原稿を読んでいる途中で時間がきてＣＭに入ってしまうというようなこともあったのです。

毎日同じスタジオに入るものの、生放送でニュースを読むという仕事にはなかなか慣れなくて、いくら場数を踏んでもうまくなりませんでした。

ある日、系列ネットワークの放送局の役員や部長が集まる会議で、私が担当するニュースが話題になり、「あれだったら、うちの局のアナウンサーのほうがよっぽどうまいよ」と言われてしまったそうです。キー局のアナウンサーは、ほかのネットワーク局のお手本となるような役割も期待される部分があり、その期待に私は応えられなかったわけです。

そんなふうに場数を踏んでも「あがり症」を克服できなかった私は、「どうすれば緊張を克服できるだろう？　緊張しなければもっと話せるのに」と悩んでいました。

そこで、「先輩アナウンサーはなぜ緊張しないのだろう？」と疑問に思い、先輩たちに聞いてまわりました。その結果、**緊張しないというアナウンサーは皆無だとわかった**のです。

「話し上手」な人でも緊張している

「この人なら絶対緊張しないだろう。なにか秘訣を教えてくれるに違いない」と私が思っていた先輩アナウンサーがいました。いまはフリーアナウンサーとして活躍している辻よしなりさんです。辻さんが最後の頼みの綱だったのです。

辻さんは、当時のテレビ朝日の看板番組のひとつ『トゥナイト2』で、リポーターとして、また、プロレスの実況アナウンサーとしても活躍していました。緊張している素振りをすこしも見せずに、堂々と流暢《りゅうちょう》に話す姿は、まさにプロフェッショナルそのものでした。


その辻さんとアナウンス室で2人になったときのことです。ここぞとばかりに、私は緊張せずに話せるようになる秘訣を聞き出そうとしました。

「辻さんは、いつも立て板に水を流すようにリポートや実況をされていて、すごいですね。どうやったら辻さんみたいに緊張せずに話せるようになれますか？」

「緊張しないアナウンサーなんていない。緊張してるに決まってるだろ。組んだ手の下に汗の水たまりをつくりながらしゃべってるんだよ」

「水たまりですか⁉」

「信じられないなら、スタジオに収録を見にきてみろよ」

「その手の下に、小さな水たまりができるぐらい緊張していて、どうしてあんなに話せるんですか？」

「**緊張をエネルギーに変えるんだよ**」

この言葉で、私の緊張の捉え方は180度変わりました。

「**緊張しない人はいない。緊張はなくならないし、なくさなくてもいい。緊張を受け入れ、話すエネルギーに変えればいい**」と気づかされたのです。

放送の本番に備え、先輩アナウンサーたちは膨大な資料を読み、何十冊もの取材ノートをつくっていました。

そして、この**「準備」こそ、緊張を「話すエネルギー」に変える原動力であること**を私はアナウンス部で学んだのです。

本書の構成

本書は、緊張してもうまく話せるテクニックと準備の仕方を紹介するために、つぎのように構成しました。

第１章　緊張してもこれだけ話せば伝わる！

話を構成するポイントをまとめました。いつも結論を意識して話せば、緊張していても「伝えたいことを話せる」ようになります。

第２章　「続きが聞きたい」と思わせる言葉で話す

同じことを伝えるときでも、言葉づかいで、わかりやすさ、伝わりやすさはまったく違ってきます。この章では、言葉づかいのテクニックを紹介します。

第３章　聞き手の反応を見ながら話す

優れた話し手は、たとえひとり対大人数の場面でも聞き手とコミュニケーションをとります。そのためにどういうことを意識しながら話せばいいかを、テクニックとともに解説します。これを意識すれば、うまく話せるようになるでしょう。

第４章　大切なのにだれも教えてくれない　話し方と振る舞いの基本

聞き手は「なにを話すか」という話の内容だけではなく、「だれが話すか」という話し手の説得力にも注目しているものです。どのようなことに気をつければいいかをまとめました。

そして、第5章からは多くの人が緊張するであろう場面で、本書で紹介したことを、どのように実践すればいいかを具体的にイメージしてもらえるように構成しました。

第5章　実践！「日常シーン別」話し方のポイント

ここでは、日常シーンとして、初対面、電話、報告、会議などの場面で、どのように話せばいいかを紹介します。

第6章　実践！「特別シーン別」話し方のポイント

特別シーンとして、結婚披露宴、面接、面接での自己PR、退職のあいさつなどの場面での話し方を紹介しています。

本書を読んだみなさんが、「どんなに緊張してもうまく話せる！」ようにという願いをこめて執筆しました。ひとつでもお役に立つテクニックがあれば幸いです。

第1章

緊張してもこれだけ話せば伝わる！

\ Tips /
1

「目的」を確認して「引き立て役」に回る

どんなに緊張してもうまく話すための最初の秘訣は、**「なんのために、だれに向けて話すのか？」という目的を確認してから準備を進める**ことです。そのときには、自分を主役にせずに、引き立て役に回ることが求められます。

「残念な祝辞」は目的を意識していないせい

最もわかりやすいのは結婚披露宴の祝辞です。**祝辞の目的は、「新郎新婦の結婚を祝う気持ちと、今後の幸せを願う気持ちを伝えること」**です。

この目的を意識していない人は、自分に意識が向いてしまいます。

「失敗して恥をかきたくない」「立派な人（会社）だと思われたい」「笑いをとってお

もしろい人だと思われたい」と考えるのです。こう考えると、自分で自分にプレッシャーをかけてしまって、ますます緊張してしまいます。

さらに、祝辞の内容も、見当違いな自分本位のものになってしまいます。

たとえば、新郎新婦に恥をかかせるようなエピソードを暴露したり、新郎が勤めている会社がいかに立派かを説明したり、おめでたい席にふさわしくない冗談を言ったりするなど、「残念な祝辞」になりかねません。

こうした**「残念な祝辞」になってしまうのは、目的を意識できていないから**です。

「主役」ではなく「引き立て役」に回る

それに対して、「見事な祝辞」を述べる人は、目的と自分の役割を理解しています。

つまり、**新郎新婦が「主役」であり（親族は「準主役」であり）、祝辞を述べる自分は「引き立て役」だと理解している**のです。

自分を「引き立て役」だと認識していれば、披露宴の出席者は、「引き立て役」の自分を注目しているわけではないことがわかり、気がラクになります。

さらに、祝辞の内容も、新郎新婦のすばらしい人柄が伝わるエピソードを話すことを通じて、お祝いの気持ちを伝え、そんな人だから幸せな家庭を築くことを確信している、という方向へ話を持っていくことができます。

そんな祝辞を述べることができれば、目的は無事に達成です。**目的を達成できれば、滑舌が悪かったとしても、頭が真っ白になって、一瞬言葉が出てこなくなったとしても、敬語を間違ったとしても、たいした問題にはならない**でしょう。

披露宴の祝辞のコツは、自分を「主役」ではなく「引き立て役」だと認識することです。このコツを伝えて実践した多くの友人・知人・教え子から、「緊張したけど、新郎新婦に喜んでもらえて、ほかの出席者からもすばらしい祝辞だったとほめられた」と、うれしい報告を受けています。引き立て役に回れば、結果的に祝辞を述べた本人の評価も上がるのです。

商談やプレゼンでも「引き立て役」に回ればいい

この「引き立て役」に回るという意識は、商談やプレゼン（プレゼンテーション）

「引き立て役」に回ればうまくいく

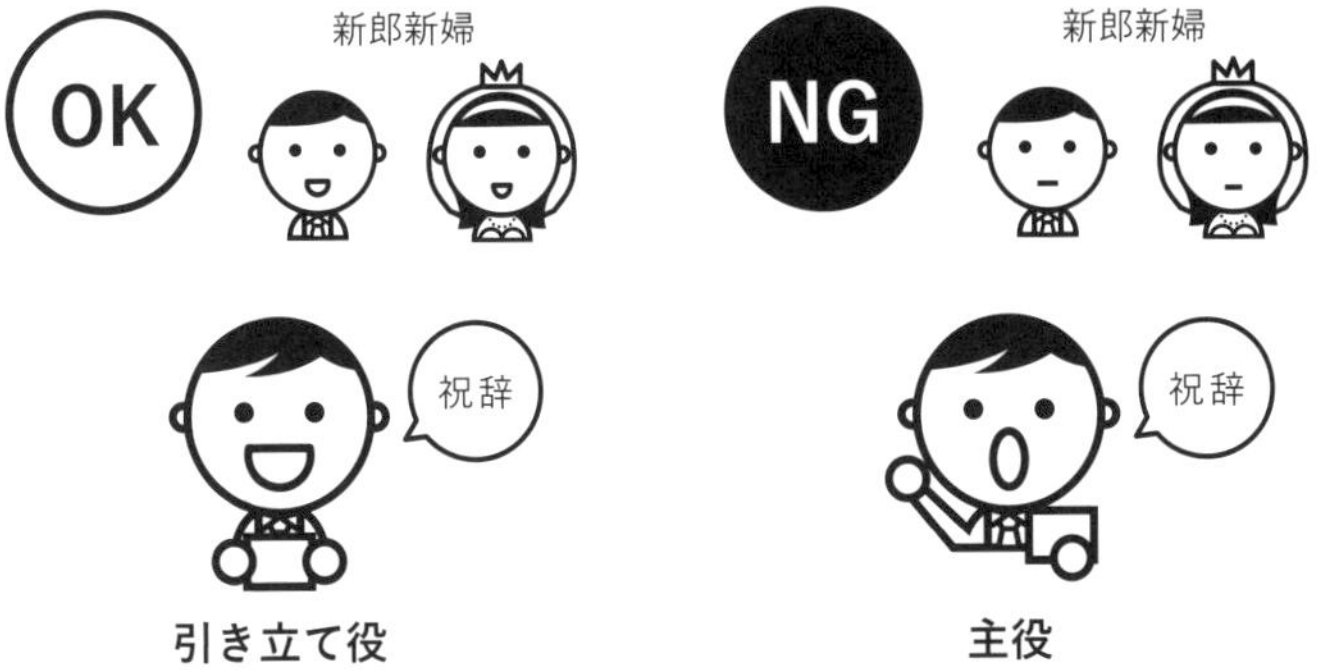

目的を達成できて評価も上がる

でも効果的です。

たとえば、営業パーソンが大口取引先であるコンビニのチェーン本部の仕入れ担当者に商品説明をする場面では、その商品と取引先が主役だと考えて、自分は引き立て役に回ればいいのです。

取引先が聞きたいのは、「うちの会社で売れるのか？」「本当にいい商品なのか？」です。つまり、**商談の目的は、「取引先に『うちでも売れる』と思ってもらえるように、商品の魅力を伝えること」**です。

これさえきちんと説明できれば、饒舌《じょうぜつ》に話せなくても、それが致命的なマイナスにはならないはずです。むしろ、「うちの会社のメリットを一番に考えて、提案してくれている」と仕入れを前向きに検討してくれるのではないでしょうか。

面接での自己PRの内容も「目的」から考える

「就職や転職の面接では、自分が主役だよね。自己PRしないといけないのに、だれを引き立てればいいのか」と疑問に思う人もいるかもしれません。

引き立てるのはもちろん自分です。自分のよさを最大限アピールする方法を考える必要があります。ただし、アピールの仕方を間違えないように細心の注意を払うのです。ここでも、アピールの目的がとても重要になってきます。

面接の自己PRの目的は、面接担当者に「この人なら一緒に働きたい」「この人なら活躍してくれそうだから採用したい」と思ってもらうことです。

たとえば、陸上の短距離選手としてすばらしい記録を持っていたり、前職ですばらしい実績をあげていたりしても、それだけをアピールするのでは不十分です。陸上のトレーニングを通じて感じたことや学んだこと、前職で実績をあげる過程を通じて試行錯誤したことを、その会社で仕事をするうえでどう生かせるのかまで語って、初めて「意味のあるアピール」になります。

つまり、「聞き手である面接担当者が先、自分はあと」なのです。この意識があるかどうかで、面接の自己ＰＲの内容も変わってきます。

どんな場面でも、話し手が「優秀だ」「立派だ」「かっこいい」などと評価されることは、あくまで話したあとの結果のひとつであって、第一の目的とすべきものではありません。「第一の目的はなにか」を確認したうえで、なにを話せばよいかを意識して準備していきましょう。

"Check!"

「なんのために、だれに話すのか？」目的を確認する

\ Tips /

2

「結論・理由・具体例・結論」で内容を構成する

目的を確認したら、なにをどういう順番で話すか、「構成」を考えましょう。

大学生からビジネスパーソン、経営者まで、あらゆる人におすすめしたい構成法が「PREP《プレップ》（法）」です。とくに、緊張する人にとって、準備を進めるさいの強力な味方になってくれます。PREPで準備を進めれば、大きく外すことはそうそうないからです。

緊張していてもメッセージが伝わる「PREP」

プレゼンの研修を担当して、受講生のプレゼンを見ていると、「結局なにが言いたかったのかわからない」ことがあります。プレゼンには、明確な結論を入れてほしいのですが、その結論がぼやけたまま終わってしまっているからです。

面接での自己PRも同様です。「私はこういう人間です」というメッセージが伝わってこないものがたくさんあります。

「なにか買ってほしい商品がある」「私はこういう人間です」など、明確なメッセージを伝えたいときには、「PREP」をおすすめします。**PREPで話せば、どんなに緊張していても、明確なメッセージが聞き手に伝えられる**からです。

「PREP」とは、

- **P（Point＝結論）**
- **R（Reason＝理由・論拠）**
- **E（Example＝具体例）**
- **P（Point＝結論）**

の頭文字をとったものです。

結論（P）を明確に伝えるために、話の始めと終わりに2回持ってきます。最初の結論のあとには、その結論を導いた理由・論拠（R）を伝えます。そして、具体例（E）を説明して、最後にもう一度、結論（P）で締めます。

聞き手は最初の結論を忘れてしまう

たとえば、セキュリティシステムを売るプレゼンがあったとします。

「昨今、海外のハッカーなどによって、会社の大切な顧客情報が流出してしまったという事件が相次いでいます。いったいどこまでセキュリティシステムを導入すればそういった被害を免れるのか、どの会社にとっても頭の痛いところだと思います。私もそういった相談をよく受けるのですが……」

このように前置きしてから、プレゼンに入る人がたくさんいるのですが、「いったい結論はなんなのだろう」と聞き手の気持ちが離れていってしまいます。

一方、このプレゼンをＰＲＥＰで構成するとつぎのようになります。

〈Ｐ〉＝当社が開発しました、セキュリティシステムを導入していただければ、99％、みなさまの会社の情報を守ることができます。

〈R〉＝なぜなら、全世界8000万人から集めた脅威インテリジェンス基盤をもとに対策を講じているからです。
〈E〉＝実際、これまでに134社が2年間このシステムを導入しましたが、1件もセキュリティ上の問題は発生しておりません。
〈P〉＝このシステムを導入していただければ、99％の安全は確保できるものと自負しております。

このように「99％の安全」という**明確なメッセージを聞き手の心に残すことができる**のです。

人の記憶はとても不確かなものなので、聞き手は最初の結論がなんだったか、話を聞いているうちに忘れてしまいがちです。とくに、長いプレゼンになるほど、この傾向は強くなります。ですので、最初と終わりに同じフレーズで結論を持ってきて強く印象づけることが、とても重要なのです。

ＰＲＥＰで話せば、目的を達成するために必要なことを伝えられます。結論と理由を論理的に述べたうえで、さらに具体的な事例やエピソードを示せば、話の内容がイメージしやすくなり説得力が増すからです。

無事に目的を達成できれば、噛《か》んでしまおうが、滑舌が悪かろうが、たいした問題にはなりません。

「知っていること」と「話せること」はまったく違う

「ＰＲＥＰは、聞いたことがあるよ、知っているよ」と言う人もいるでしょう。

私が研修でプレゼンを見ていると、**実際にＰＲＥＰで完璧に話せる人は、業界を代表するような大企業であっても、30人にひとりいるかいないか**です。

まだこの構成法を完璧に使いこなしている人が少ないからこそ、ＰＲＥＰで話せるようになれば、目的を達成できるだけでなく、結果的に「論理的でわかりやすい話をする人だ」と聞き手にアピールできます。

ＰＲＥＰを意識すれば、目的を達成するために必要で十分な情報を話す準備が進められ、本番で話すときも聞き手の気持ちを離すことなく引きつけられます。

重要な会議、プレゼン、面接だけではなく、ふだんの会話のなかでも、意識してＰ

REPで話すようにしてみてください。そうすれば、思いどおりに話が伝わり目的を達成できるのはもちろんのこと、いつも話がわかりやすく、頭のいい人だという印象を持たれるようになるでしょう。

次項からは、それぞれ結論（P）、理由（R）、具体例（E）、結論（P）を、どのように考えていけばいいかをくわしく紹介します。

"Check!"

どんなに緊張しても「PREP」で話せば目的を達成できる

\ Tips /
3

結論──「続きを聞きたい」と思わせる

聞き手が100％集中して話を聞けるのは、最初の60秒ほどだといわれています。「話を聞くには集中力が必要だ」と強く意識しましょう。とくに、大勢の前で話す場面であればなおさらです。

だからこそ、PREPで話すときには、最初の結論（P）で、聞き手の興味を引いて、「続きをくわしく聞きたい」と思ってもらえるように話す必要があります。

集中して話を聞くのは疲れるもの

話し手がしゃべり、それに聞き手が耳を傾けるという行為は、一緒にゴールに向かって走ることと似ています。

もし、話し手は目的地と距離を知っていて走り出す一方で、聞き手はそのどちらの情報も知らないとしたらどうでしょうか。

聞き手が走るときには、１００メートル走なのか、グラウンド5周なのか、マラソンなのか、ゴールが見えていないと、「どこまで走らないといけないの？」「あなたと一緒に走ったあとになにを得られるの？」と不安に感じたり、イライラしたりするものです。そもそも「一緒に走ろう」と言われても、走る気にはなれないでしょう。

しゃべるときには、話し手が示したゴールを目指して、聞き手をリードしながら伴走するイメージを持ちましょう。

話し手がゴールとなる結論を示して最終的な目的を伝えないと、聞き手は集中して話を聞こうという気持ちになれません。

最初の結論が魅力的であるほど、聞き手はその話を聞きたくなるわけです。それにもかかわらず、この最初の結論の部分でもったいないことをしている人がたくさんいます。

たとえば、講演会をイメージしてみてください。講師が最初に結論を話さず、自分の経歴ばかりをダラダラと話すと、「それで、私はあなたの話からなにを得られるの？」と思われてしまいます。そのうち、「今日家に帰ったら、なにをしようかな」「今晩の食事はなににしようか」などと聞き手は自分の世界に入ってしまい、集中力が欠けてしまうのです。

プレゼンなどで共感を得るために、「○○に困ったことはありませんか？」などと問いかけをする人もいます。28ページで紹介した「昨今、海外のハッカーによって」という例がそれにあてはまります。

私はこうした話し方はおすすめしません。共感を得ること自体は、ゴールではないからです。共感を得るのであれば、結論を述べたあとでもいいでしょう。

聞き手が最も知りたいのは、「この話を聞いてなにを得られるのか？」ですから、結論を最初に述べたほうが聞き手の興味を引きやすくなります。

「聞き手の目線」に立った結論を述べる

このPREPで話の内容を構成するうえで、最も大切なのは、結論（P）をなににするかということです。先ほどのセキュリティシステムの例なら、

「私たちは、安全なセキュリティシステムを開発しました」

という結論を持ってくることもできます。

しかし、この結論では顧客の心をつかむことはできません。「それが私たちにとってどのように役に立つのか」という聞き手の目線が入っていないからです。

聞き手にとって大切なのは、「あなたたちが私たちになにをしてくれるのか」です。

そこで、

「このシステムを導入していただければ、99％の安全をお約束します」

という短くてストレートなメッセージにしたほうが伝わります。

結論に数字を使うのも効果的です。「99％という、かぎりなく100％の確率で守られるのであれば、導入を積極的に検討しようか」と思ってもらえるからです。

PREPでの構成の成否は、結論（P）にかかっています。聞き手の目線で結論をしっかり練りましょう。

Check!

魅力的な「結論」を示せば、集中して聞いてもらえる

\ Tips /

4

理由——論理的な納得感を引き出す

結論を伝えたら、聞き手は「どうしてそう言えるの?」「根拠はなに?」と考えます。それに対する理由を、論理・データ・事実で示す必要があります。

理由を考えるときのポイントは、聞き手に「たしかにそうだね」と論理的に納得してもらえるかどうかです。

「○○と思うからです」では理由にならない

理由を述べるときに、「なぜなら、○○と思う(考える)からです」といった表現があります。こうした表現は、主観的で感覚的なものです。「なにを根拠にそう言っているの?」と聞き手は疑問に思ってしまいます。

たとえば、コードレス掃除機を営業するプレゼンで理由を述べるときに、

「私がこれまで20年間、掃除機の営業に携わってきたなかで、最も軽量で、吸引力の強いコードレス掃除機だと思います！」

と言ったら、聞き手はどう感じるでしょうか？

「20年ぐらい携わってきたかもしれないけど、ほかのメーカーにだってあなたの知らない、軽くて、吸引力のあるコードレス掃除機、あるんじゃないの？」

「なにを根拠に『最も』と言いきれるの？」

と思われてしまうでしょう。

このように、「〜と思う（考える）」は理由にはなりません。そこで、**主観的なものではなく、客観的なものを示すことが求められます。**

客観的なものとは、「論理・データ・事実」です。

たとえば、

「先日、〇〇という雑誌で、電化製品の今年度の種類別アワードが発表され、消費者からも評論家からも、『最も軽量で吸引力の強いコードレス掃除機』と第1位の評価を得たからです」

などと、客観的な事実やデータに裏打ちされたものを示すことが求められます。

理由を3つ示す「マジックナンバー3」

自分がすすめたいもの、すばらしいとアピールしたいものがあるときには、3つの理由を述べて、相手の心を動かす方法もあります。

たとえば、「メタボリック症候群から脱出できるセミナー」の受講をすすめたいとします。なぜそれが受けるに値するセミナーなのか、3つの理由を説明します。

①自分がいま、毎日の生活を維持できる適正な食事量がわかる
②ふだん飲んでいる、お酒、おつまみのカロリーがわかる
③塩分をとりすぎないためのコンビニメニューがわかる

このセミナーの場合、受講をすすめる理由が①だけでは弱いでしょう。3つの理由を示して初めて、「これならメタボリックから脱出できそうだ」と聞き手に思ってもらえます。**「なぜ？」を繰り返して自問し、3つ理由を考えてみてください。**

この3つの理由を述べる前に、かならず「理由は3つあります」と、3という数字

を挙げます。すると、聞き手は、頭のなかに3つのブランク（空白）をつくってそのなかにひとつひとつ埋めていこうとするのです。つまり、**3という数字を挙げることによって、聞き手の集中力をグッと上げることができる**のです。

この3という数字は、「**マジックナンバー3**」とも呼ばれます。人は理由を説明されるときに、最も聞きたくなるのが3つなのです。

ひとつや2つだと、「それだけしかないの？」と思い、4つ以上になると、「そんなにたくさん聞くのは面倒だ」という気持ちがわいてしまうからです。ですから、もし4つ以上の理由がある場合には、3つの理由になるように整理しましょう。そうすれば、聞き手が最も聞きたくなる理由になるからです。

「たしかに」と聞き手に納得してもらうためには、論理やデータ、事実にもとづいた理由を述べましょう。そして、3つの理由を挙げられないか考えてみましょう。

Check!

「論理・データ・事実」で客観的な理由を示す

\Tips/
5

具体例——説得力をさらに高める

結論（P）、理由（R）を話したら、聞き手は、「たとえば？」と具体例（E）を聞きたくなります。「たとえば」を示すからこそ、話の内容に説得力を持たせられ、聞き手により深く納得してもらえるのです。

「たくさん」「いろいろ」「さまざま」を使わない

具体例（P）では、理由（R）を補完して、より掘り下げた説明をします。ここでも、細やかなデータや事実、事例を論拠とする必要があります。

たとえば、先ほどのコードレス掃除機の例（36ページ）なら、

「こちらのコードレス掃除機を100人の雑誌の読者にモニターになって、使っても

らったところ、たくさんのモニターが『この掃除機を購入して、継続して使用したい』と答えています」

という具体例を伝えたとします。

しかしこの内容では、「たくさんのモニター」が、70人なのか、95人なのかわからないですし、なによりもなぜ、この掃除機を継続して使いたいと思ったのかがわかりません。そこで、

「このコードレス掃除機を100人の読者にモニターとして使ってもらったところ、85人が『1・5キロと軽くて片手で使えるし、吸引力もコードのある掃除機と同じくらい強いので、購入して継続して使いたい』と答えています」

と話せば、85人という人数や1・5キロという重さで説得力も出てきますし、継続して使いたい理由も「吸引力と軽さ」にあることがわかります。

「たくさん」「いろいろ」「さまざま」といった言葉は、具体的になにも伝えていない表現です。これらの表現がひとつでも入ってしまうと、具体例としての信ぴょう性や

説得力がなくなってしまうので気をつけましょう。

具体例の説得力は「5W3H」で高まる

具体例をより確かな信用できるものにするためには、**「5W（いつ、どこで、だれが、なにを、なぜ）」そして、「3H（どのように、いくつ、いくら）」をできるかぎり入れる**ことです。

先ほどの例なら、まず、「だれ」に当たる人数が何人なのかが、重要です。そしてその85人が、なぜ継続してその掃除機を使いたいと思ったかを説明しないと、説得力のある事例にはなりません。「吸引力が強く1・5キロと軽いから」という数字も伝えることによって、説得力のある事例になります。

ほかにも統計を使って、「いつ、だれがとった統計で、サンプルはいくつで、世代は何歳から何歳までなのか、また男女比はどのぐらいなのか？」を明らかにすると説得力が増します。

あるいは、だれかの経験を語るのであれば、「いつ、だれが、どのようなシチュエーションで経験したことなのか」をより具体的に説明します。

このようにデータ、事実、事例を細やかに挙げると、具体例としての信ぴょう性が高まります。

具体例を挙げるときには、「たくさん」「いろいろ」「さまざま」などという具体的な情報がなにも伝わってこない表現を使わないようにしましょう。そして、できるかぎり５Ｗ３Ｈを入れて、具体例に信ぴょう性を持たせることが大切です。

"Check!"

具体例は「数字」「５Ｗ３Ｈ」で信ぴょう性を高める

\ Tips /
6

結論——伝えたいことを話しきる

結論（P）、理由（R）、事例（E）と話したら、最後にもう一度、結論（P）を伝えます。そのときには、冒頭の結論に聞き手へのメッセージをもうひと言プラスするようにしましょう。

「強い印象」「強い動機づけ」となる言葉で結ぶ

結びの結論は、冒頭の結論をただ繰り返すのではなく、聞き手にとって強い印象を残す言葉、強く動機づける言葉をくわえるようにしましょう。

重要な商談であれば、

「これまでご説明したように、価格以上にメリットのある商品ですから、ぜひ導入をご検討ください。将来、御社の売上を倍増するけん引力になると確信しております」

と、自己PRであれば、

「私がラグビーで培った、チームワークを大切にする思いを、かならず御社でも生かし、将来的に御社のチームワークに貢献できる人間になりたいと強く願っています」

などと結べば、この人と一緒に働きたい、もっとくわしく話を聞きたいと思ってもらえるでしょう。

最後の結論には、将来的なビジョンをくわえることをおすすめします。明るい未来を提案されると、大きな動機づけとなるからです。

結論は何度も差し替えて「強い言葉」をつくる

この「冒頭の結論」と「最後の結論」の言葉を固めるのは、最後でもかまいません。結論は、何度も差し替えてより強い印象を残す言葉を探しましょう。

本番の直前まで、

- もっと聞き手の心に残る言葉はないか？
- もっと買いたくなる言葉はないか？

・即決を引き出せる言葉はないか？

と頭をひねり、考え抜いてください。

それによって、**言いたいことが思いどおりに伝わる「短くても強いインパクトを残せる言葉」に進化していく**はずです。時間をかけて考え抜く過程で磨きこまれた言葉には、「想い」が宿り、「熱」を帯びてきます。

この「熱」は、あなたが緊張する場面に臨むときの安心と自信になります。ひいては、その「熱」はかならず聞き手にも伝わり、人を動かすエネルギーになっていくはずです。

Check!

結論は「人を動かす言葉」で締めくくる

\ Tips /
7

原稿は丸暗記せずにキーワードで考える

PREPにのっとって、話す内容を準備していきましょう。面接やスピーチなどでは、一言一句、丸暗記して話す人がいますが、原稿を用意する必要はありません。それではかえって聞き手に伝わりにくくなってしまうからです。

丸暗記はデメリットばかり!?

面接に挑む学生や披露宴での祝辞をひかえている方から、「どうしても暗記できません」と相談を受けることがあります。私は**「暗記をやめてみること」をいつもおすすめしています。**

丸暗記して本番に臨むと、相手の心に響く話をすることよりも、一言一句間違わずに話すことに意識が向いてしまって、かえって緊張しやすくなってしまうからです。

なにより、丸暗記では、話の内容も伝わりづらくなってしまいます。「頭のなかにある原稿」を読み上げているような状態になり、言葉に抑揚が出ず、棒読みになってしまいます。イメージとしては、小学生の作文の朗読のような話し方です。**丸暗記では熱がこもらず、目の前にいる聞き手の心に響かない話し方**になってしまいます。

そこで丸暗記の代わりにおすすめするのが、「**キーワードをもとに話す方法**」です。

どうしても伝えたい「キーワード」を押さえる

キーワードをもとに話す方法とは、話の目的を意識しながら、「どうしてもこれだけは言いたい」という言葉を確実に聞き手に伝えるように話す方法です。実際にどうやっていくのか、手順を追って説明していきましょう。

最初に、200~300字ぐらいの原稿をつくってみます。

たとえば、学生の自己PRなら、

「私は、サッカー部の活動でもバイト先でもだれかが失敗したときには、全力でフォローしようと心がけています。それは、私がサッカー部のチームメイトに救われた経験があるからです。チームが所属するサッカーリーグの優勝決定戦で、私が最後にPKを外してしまい、優勝を逃してしまったことがありました。そのときにチームメイトから『お前のせいじゃない』と言葉をかけられて救われました。以来だれかが失敗しても自分がフォローできることを全力でやろうと心に誓い、サッカーチームでも、バイト先でもそのことを第一に心がけています」

と書き出してみます（もちろん、パソコンやスマホの画面で入力してもかまいません）。

つぎに、話の内容を伝えるうえで欠かせないキーワードをペンで囲んでいきましょう。

先ほどのサッカーの例だったら、「サッカー部」「バイト先」「だれかが失敗」「全力でフォロー」などをキーワードとしてペンで囲みます。

そして、その**キーワードを頭のなかにならべて、あいだをつないで話す練習をします。**このあいだをつなぐ言葉は、毎回変化してもかまいません。この方法で話せば、言葉に自然に熱や感情がこもり、抑揚が出るので、聞き手に伝わりやすくなります。

キーワード法を使って練習するときには、伝わる内容に磨き上げていきましょう。そのときには、ワンセンテンスを短くできないか、もっと切れ味よく、強い印象を残せる言葉はないかを考えます。先述したとおり、とくに結論の言葉を磨きこみましょう。その過程で、「一度聞いたら忘れられない言葉」を見つけ出すことができれば、もうこちらのものです。

商品説明、プレゼンでも幅広く使える

このキーワードで話す方法は、就職や転職の面接や披露宴の祝辞など原稿を用意しづらい場面だけではなく、商品説明、プレゼンなどの場面でも幅広く使えるものです。せっかく顔を合わせて話しているのに、資料やパンフレットを読み上げるだけではもったいないと感じます。

この方法は、私がアナウンサーをしていたときによく使っていたものです。取材の現場では、「現場で取材して数分後に生中継」という場面が日常的にありました。そんな場面では、原稿を丸暗記するどころか作成する時間もなかったため、キーワード

を抜き出してメモに走り書きしておいて、そのキーワードの間をつなぐ方法で実際にリポートしていました。

いまでも緊張する場面ではよくこの方法で話しています。話し方を指導するときにもこの方法を伝えていて、「スピーチをほめられた」「面接で自然に話せた」といううれしい報告を受けています。

緊張したらキーワード自体を忘れてしまいそうだと心配になる人は、名刺サイズのカードにとくに大事なキーワードを書いて手で持っておくようにしてください。

このキーワードで話す方法を実践すれば、「いきいきした言葉」で話せるようになります。ぜひ一度試してみてください。

Check!

キーワード法で「いきいきした言葉」を話そう

COLUMN

「だれが話すか？」も大切

本章では、「なんのために、だれに話すのか？」を確認して、PREPで構成する方法を紹介しました。もうひとつ大切なのは、「だれが話すか？」です。

私は、セミナーや研修などで話すときには、「元テレビ朝日のアナウンサーです」と自己紹介します。「教える人間」として人前に立つときに、「元テレビ朝日のアナウンサーです」と自己紹介して話し始めるのと、なにもそういうのに触れないで話し始めるのとでは、聞き手の興味や関心の示し方や集中力の高まり方がまったく違うからです。

いつまでも「元テレビ朝日アナウンサー」という肩書きに頼って仕事をしたいわけではないのですが、そうやって自己紹介することによって、「聞き手のみなさんが話の内容に興味や関心を持ってくれるなら」と考えて、使うようにしています。

そこで、「元テレビ朝日アナウンサーの渡辺由佳です。でも、講師歴のほうが3倍長くなりました」などと話し始めます。

「だれが話すか？」は、聞き手にとって興味や関心、集中力を左右する、きわめて重要なファクターです。

披露宴であれば、「新郎とは、0歳のときに保育園で一緒になってから、30年の付き合い」、営業パーソンであれば、「日本で一番○○を売りました」などと言われると、どんな話なのか聞いてみたいと思うでしょう。

その自己紹介の仕方によって、話への興味は変わってきます。

どういうふうに自己紹介すれば、「この人の話を聞きたい」と思ってもらえるかを考えてみてください（166ページ参照）。

このときのポイントも、自分を「主役」にせずに、どうすれば「いい引き立て役」に見えるかを考えることです。

第2章

「続きが聞きたい」と思わせる言葉で話す

\ Tips /
1

「しゃべった言葉」は「書かれた言葉」よりも頭に残りにくい

第1章で目的をもとに話を構成する方法についてお伝えしました。構成が話の骨格だとすると、言葉はそこについている筋肉といえるかもしれません。この筋肉のつけ方しだいで、そのスピーチやプレゼンをさらに魅力的なものにできます。

この章では、魅力的な言葉を使うテクニックについてお伝えします。その前に**「しゃべった言葉」は「書かれた言葉」よりも頭に残りにくい**ことを知っておいてほしいのです。

しゃべり言葉はキャッチしにくい

「ニュースを知りたいとき、新聞で読むのとテレビのニュースを見るのとどちらがわかりやすいですか？」とアナウンススクールの学生たちにときどき質問します。たいていの場合、新聞派とテレビ派の半々に分かれます。

テレビのほうがわかりやすいと答えた学生は、「テレビは映像があるのでニュースがイメージしやすいから」と理由を挙げます。それに対して、新聞派の学生は、「自分のペースで記事を読めるし、なによりもわからなくなったら、また、もとに戻って読み返せるから」と答えます。

つまり、「テレビのほうがわかりやすい」と言った学生は、「音」で聞くニュースがわかりやすいのではなく、**「映像」が見られるからわかりやすい**と言っているのです。

ラジオのニュースをイメージすると、比較しやすいでしょう。新聞を読んだときと、ラジオのニュースを聞いたときでは、どちらがより多くの情報が頭に残っているかというと、やはり新聞を読んだときのほうが確実にたくさんの情報が残っているはずです。それは、**文字を読むときには、「ニュースを知りたい」という意志が積極的に働いているうえに、視覚から入った情報のほうが頭に残りやすい**からです。

このことをスピーチやプレゼンに置き換えて考えてみましょう。

まず、聞き手にその話を聞こうという意志がなければ、右から左に話は流されてしまいます。たとえ、聞き手に話を聞こうという意志があり、どんなにその人が優秀であったとしても話した言葉の１００％が頭に残ることはないでしょう。
耳から入る情報は、目から入る情報に比べて聞き手にキャッチされにくいのです。そこを話し手がよく理解したうえで伝える努力をする必要があります。

「言葉を開く」と話がわかりやすくなる

新人アナウンサーのころ、「子どもからおじいちゃんおばあちゃんまで、だれが聞いてもわかる言葉で話すことが大切だ」と研修で教わりました。難しい言葉や専門用語を知っていると、つい使いたくなります。しかし、なるべくそうした言葉を使わないように話すことがアナウンサーのミッションのひとつでした。

たとえば、つぎの言葉は同じことを言っています。

「いま、○○さんは、意気消沈しています」
「いま、○○さんは、がっかりして、すごく落ちこんでいます」

この場合、同じことを言うのであっても、「がっかりして、すごく落ちこんでいる」という表現のほうが伝わりやすくなります。

「意気消沈」という言葉は、多くの人が知っている言葉かもしれませんが、「イキショウチン」という音が聞きとりにくいからです。

このことをアナウンサーの世界では「**言葉を開く**」と言います。**難しい言葉をだれが聞いてもわかる言葉に置き換える**ということです。

聞きとりにくい四字熟語は、なるべく使わないことをおすすめします。

政治家や経営者が、スピーチで、一般の人があまり知らない四字熟語を使っているのを耳にして、すぐにスマホの辞書で調べることがあります。でも、そうやって知らない四字熟語が出てくると、そのことが気になってしまい、結果、そのあとに話したことはまったく記憶に残っていないのです。

難しい言葉を使うことは、聞き手の集中力を削いでしまうことになりやすいので、話し手にとっても聞き手にとってもプラスに働かないことのほうが多いのです。

また、「イギリスのブレグジットの問題で……」と伝えたいときには、「イギリスのブレグジット——EU離脱問題で……」と言います。「ブレグジット」という単語を使いたければ、日本語でわかりやすく言い換えるのです。

このようにだれもが耳から聞いて、一度でわかる言葉を話すことをアナウンサーは心がけています。聞き手を主役にして話すためのコツのひとつともいえます。

アナウンサーにかぎらず、しゃべり言葉（話し言葉）で相手に伝えたいときにはだれもがこのような配慮をする必要があります。聞いている人の予備知識は、全員同じというわけではありません。だれもがわかる言葉を使うことは、自分の話をよりよく理解してもらうことにもつながるのです。

Check!

難しい言葉や専門用語を開いてわかりやすく話す

\ Tips /
2

聞き手が「続きを聞きたくなる言葉」で話す

人前で話をするときには、聞き手に「続きを聞きたい」と思ってもらえるかどうかが、きわめて重要です。

スピーチでもプレゼンでも、話がうまい人は、話の冒頭や、話が展開するところで、つぎへの期待感を持たせるひと言をかならず入れています。要所要所で「ありきたりなフレーズ」「無難なフレーズ」ではなく、「インパクトの強いフレーズ」を入れると、聞き手をぐいぐい引きつけながら話せるようになります。

言葉を入れ替えて、インパクトを強くする

しゃべり言葉は聞き流されやすいと前述しました。

たとえば、福山雅治さんの大ファンの女性がいたとします。目の前のステージで福

山さんが話す言葉を彼女はまるで体中を耳にするような勢いで聞くでしょう。しかし、同じような勢いで私の話を聞いてくれるかというと、それは無理な話です。もし、彼女の気持ちを引きつけようと思ったら、だれもが「なんだろう？」と興味を持ってくれるような言葉を使わなくてはなりません。ありきたりな言葉を使っていたのでは、人の意識を自分に向けることはできないのです。

たとえば、リンゴ農家についてスピーチをするとき、冒頭で使う言葉として、つぎの2つでは、インパクトが大きく変わります。

×「今日は、無農薬でリンゴを育てた農家の話をします」
○「今日は、奇跡のリンゴを育てた農家の話をします」

明らかに、後者のほうが「『奇跡のリンゴ』って、どんなリンゴなんだろう！」と期待感が高まることでしょう。この言葉にたどり着くまでに「安全安心なリンゴ」「体に優しいリンゴ」などいろいろ候補を挙げて、試行錯誤を重ねることが大切です。

無農薬のリンゴをつくるためには、土壌づくりから始まって、実際にリンゴの実が食べられるようになるまで、何年もの歳月がかかるそうです。そのなかでできあがったリンゴはまさに「奇跡のリンゴ」と呼ぶにふわさしいものだという展開をするならば、最初に選びたい言葉は「無農薬のリンゴ」「安全安心なリンゴ」「体に優しいリンゴ」ではなく、「奇跡のリンゴ」です。「奇跡」という言葉は、圧倒的な期待感を抱かせる言葉だからです。

ですから、**聞き手にインパクトを与える言葉を考え抜くことが、スピーチやプレゼンを成功させるうえでとても重要**なのです。

それは、スピーチ・プレゼンにかぎらず、面接での受け答えでも、会議で指名されたときでも、商談の席でも同様です。言葉を練っている人の話は、だれもが続きを聞いてみたくなります。ぜひ、インパクトのある言葉を探す努力を続けてください。

つぎへの期待感を持たせる定番フレーズ

大学で講義をしているとき、学生たちが眠そうにしていたり、あまり私の話に集中していないなと、感じるときがあります。

そのときには、あえて「話の寄り道」をします。

「ちょっと話がそれますが……」

「内緒の話ですが……」

「ここだけの話ですが……」

このフレーズを言っただけで、さっきまで眠そうにしていた学生たちが急に私のほうを見て、目を輝かせます。こうなったら、学生たちの期待に私は応えなくてはなりませんので、よく家族の話をします。

「ここだけの話ですが、昨日の夜、12時ごろ○○警察から電話がかかってきたんです。『○○警察ですが』と言われ、心臓が口から飛び出そうなくらい緊張しました。じつは、息子が酔っぱらって、定期券も、スマホもお財布もどこかでなくしちゃって、警察に助けを求めたらしく、迎えにきてほしいという電話でした」そして、「私はアナウンス部長から入社してすぐに、『飲んでも飲まれるな』と何度も言われました。みなさんも、平常心を失うぐらい飲まないように注意しましょうね」と、なにか教訓になることをさりげなく伝えるようにしています。

こういう余談に対する学生たちの集中度は、ふだんの授業の5倍はあるかと思います。もちろん、このようなテクニックは、スピーチや、プレゼンのときにも使えます。

「これから特別な話をしますよ！」という前置きのフレーズは、ほかにもあります。

たとえば、

「初めて言います」

「私以外、だれも知らない話をここだけでします」

「じつは……」

「いまだけ正直に言います」

「一度しか言いません」

などです。ぜひ、話の展開に合わせて使ってみてください。

「しゃべる言葉」だからこそ、聞き手の意識を自分のほうに持ってこられるかが勝負です。インパクトのある言葉で聞き手の気持ちを引きつけたり、特別な話が出てきそうな期待感を持たせたりするようなフレーズを活用しましょう。

Check!

「続きが聞きたくなる言葉」で興味を引きつける

\ Tips /
3

「比喩・たとえ話」でわかりやすく説明する

ここからは、聞き手の心を引きつけるインパクトのある言葉をつくる方法をお伝えします。

まず、テクニックのひとつめは、「比喩・たとえ話」です。相手の心に強いインパクトのある言葉で届けるためには、なにかにたとえて相手の想像力をかきたてると、伝わりやすくなります。たとえば、「こちらの経理システムは、社員5人ぶんぐらいの働きをしてくれます!」と言われると、聞き手は「続きを聞かせて!」と思いながら聞くことができます。

「○○のような(○○のように)」と言い換える

比喩表現を使うことによって、聞き手への伝わり方が、大きく変わります。

×「光沢のあるプラスチックのコップを開発しました」
○「ガラスのような光沢のあるプラスチックのコップを開発しました」

たとえばプラスチックメーカーが光沢のあるプラスチックのコップを開発したとき、ただ「光沢のある」と言われるよりも、「ガラスのような光沢」と言われたほうが、ずっとイメージをふくらませやすくなるでしょう。

ガラスのコップは、壊れやすいものですし、壊れたときの後始末も大変です。ガラス並みの光沢のあるプラスチックのコップなら、ぜひ、見てみたいし、使ってみたいという気持ちを起こさせるでしょう。

×「新婦と一緒にいるといつも私は心が温かくなりました」
○「新婦は私の心をいつもポカポカ温めてくれる陽だまりのような存在でした」

結婚式の披露宴で、新婦の友人代表としてスピーチをするときに、新婦の存在をなにかにたとえると、新婦の人柄が伝わりやすくなります。そして、新婦はどんな言葉で友人を温めてくれたんだろうとエピソードを聞きたくなることでしょう。

このような場面では、イメージのいいものを選ぶことが大切です。決して、マイナスイメージにならないように気をつけましょう。

「擬人化」すると話がわかりやすくなる

人でないものを擬人化すると、その役割や効果をわかりやすく伝えられます。

×「このAIシステムは貴社のビジネスを支えます」
○「このAIシステムは有能なコンサルタントとして貴社のビジネスを支えます」

この「擬人化」するというテクニックは、非常に効果的です。

テレビなどではよく使われる方法で、ジャーナリストの池上彰さんがテレビで難しいニュースを解説するときに、国や省庁、企業を擬人化してわかりやすく教えてくれています。難しいことをわかりやすくするテクニックのひとつとして、「擬人化」を活用できないか、検討してみてください。

このように比喩やたとえ話を使えば、聞き手にわかりやすく説明できて、イメージをつかみやすくなります。

ただし、聞き手がすぐにイメージできるものである必要があります。その比喩で聞き手がピンとくるかどうかを意識しながら考えるようにしましょう。

話の内容をもっとわかりやすく魅力的に伝えるために、比喩やたとえ話が使えないか、ぜひ検討してください。

"Check!"

「比喩・たとえ話・擬人化」でわかりやすく話す

\ Tips /

4

「数字」で聞き手の興味を引きつける

続いては、数字を使って、インパクトのある言葉をつくるテクニックです。

スピーチやプレゼンで「ほとんど」「だいたい」「たぶん」といった、感覚的な言葉を使っている人がよくいます。しかしこうした言葉では、話し手の思いはなかなか伝わらないものです。たとえば「息子さんはたぶん、○○大学に合格できると思います」と言われて、安心する家族はいないでしょう。その「たぶん」がどれくらいの合格の可能性を意味しているのか、わからないからです。

プレゼンや商談も含め、数字を使って話せば、内容に説得力が生まれます。数字を使えるポイントがないか検討しましょう。

あいまいな表現を数字でわかりやすく表現する

あいまいな表現を、数字に置き換えれば一気に客観性が増します。

×「そうしたリスクはほとんどありません」
○「そうしたリスクは99・9％ありません」

「ほとんど」のようにあいまいな言葉だと、「『ほとんど』ということはリスクがあるということ？」などと思われてしまう可能性があります。「100％とは言いきれなくとも、99・9％とは言える」なら、その数字を伝えたほうが、伝えたいことをより具体的に伝えられますし、聞き手もイメージしやすくなります。

×「いまのところ、作業は順調に進んでいます」
○「いまのところ、作業の進捗状況は7割で予定どおり進んでいます」

ある作業の進捗状況を報告するときに、「順調」だと言っても、なにをもって「順調」なのか聞き手と共有できません。こうしたものも数字で表現するとあとでトラブルになることが少なくなります。

「数字」を出して聞き手の興味を引きつける

インパクトのある数字を示せば、聞き手の興味を引きつけることができます。

×「会議の時間を短縮する方法をご紹介します」

○「会議をたった5分で終わらせる方法を紹介します」

こう言われれば、会議がダラダラ長引くのをなんとかしたいと思っている人は、「5分で本当にできるの？　できるなら知りたい」と続きを聞きたくなるでしょう。

×「お客様アンケートの結果、一番人気の商品はこちらです」

○「10万人のお客様アンケートの結果、一番人気の商品はこちらです」

「一番人気の商品」という言葉も、「10万人」という数字を出したほうが、その人気がより伝わりやすくなります。

「金額」はとくにインパクトの強い数字

ビジネスシーンでインパクトが強いのは、なんと言っても金額です。

×「このソフトウェアを使えば、大幅なコスト削減になります」

○「このソフトウェアを使えば、従来１００万円だったコストが１万円になります」

このように、数字を使えば、しゃべる目的の達成に近づくことができます。場合によっては、「即決」を引き出せるかもしれません。ただし、根拠にもとづいた数字で話しましょう。根拠をぼかして話していると、数字に強い聞き手からは、「なんのデータにもとづいて言っているのか？」と質問される可能性が高いでしょう。

"Check!"

「数字」で言い換えて説得力を高める

\Tips/
5

「比較」してイメージを伝える

聞き手の心に届くインパクトのある言葉で話すためには、「なにかと比較する」というテクニックを使うのも効果的です。たとえば、なにかの高さを表現するときに「15メートル」と言われるより、「マンション5階ぶん」とたとえられたほうがずっとイメージがわきやすくなります。聞き手がイメージしやすい比較の軸をつくって、聞き手の心に届きやすい言葉をつくりましょう。

比較すると話がわかりやすくなる

比較する対象は、だれもが知っているものがいいでしょう。たとえば、高さを伝えるときには「東京タワーの3倍」、広さを伝えるときには「東京ドームの10倍」といった表現が使われます。このように比較すると、「〇メートル」「〇平方メートル」などと数字だけで表現されるよりもはるかにイメージしやすくなります。
数字を示すときには、その数字がどのぐらいすごいものなのかを平均と比べるとわかりやすくなります。

× 「こちらのエアコンの○○率は10％です」
○ 「こちらのエアコンの○○率は10％です。この数字は、業界平均の2倍の数字になっています」

この10％の数字がどのぐらいのものなのか、聞き手がピンとこないケースもあります。そのときには、**平均を示すと、よりわかりやすく伝えられます。**

× 「前年に比べて、売上が伸びた秘訣をご紹介します」
○ 「前年に比べて、売上が3倍に伸びました。その秘訣を紹介します」

と言うと、「前年と今年でそんなに違うの？　なにを変えたんだろう？」と聞き手は興味をそそられます。

ビフォー・アフターで比較して変化を伝える

時系列のビフォー・アフターを比較して、変化を伝える方法もあります。

たとえば結婚披露宴の友人スピーチであれば、

「新郎は、新婦の○○さんと交際を始めてから、より一層細やかな気配りをしてくれるようになりました」

と言って、交際前後でどう変わったのかをエピソードとともに話し、「新郎新婦はお互いに高めあっていけるすばらしい関係だから、今後も幸せな家庭を築くことを確信している」と結ぶこともできるでしょう。

最上級の表現を使う

×「弊社は○○を得意領域としています」

○「弊社は○○を得意領域としていて、業界ナンバーワンの導入実績があります」

× 「住宅営業部の山田です」
〇 「住宅営業部の山田です。こう見えて私5年連続営業成績ナンバーワンです」

プレゼンで自己（自社）紹介するときにも、すばらしい実績があるならそれを伝えたほうが聞き手にインパクトを与えられます。「ナンバーワンの人なら話の続きを聞いてみたい」と思うでしょう。ただし、あまり強く押し出すと、「強引な人かも」と警戒されてしまうこともあるので、ジョークを交えて話すのがおすすめです。

「御社は私がこれまで担当した会社のなかで一番優れたクライアントです」

といった評価のニュアンスのある最上級の表現は要注意です。聞きようによっては「上から目線」に感じるかもしれません。

Check!

「比較」「最上級」でイメージしやすいように話す

\ Tips /

6

「キャッチーな言葉」に敏感になる

「一度聞いたら忘れない、インパクトのある言葉」を使って話したくても、そうした言葉を考え出すのは、難しいものです。そんなときは、身近な商品のなかにある「キャッチーな言葉」からヒントを見つけて、言葉に磨きをかけましょう。それができれば、緊張しながらでもまわりよりも強い印象を残す話し方ができるのです。

生活のなかのキャッチーな言葉を探す

私たちは駅のポスターやテレビCMなどで使われる「キャッチーな言葉」に囲まれて暮らしています。それを思いつく力は、コピーライターなどの特定の人だけが持つ能力ではありません。感性やボキャブラリー、瞬発力に磨きをかければ、「伝わる言葉をつくる力」はだれでも身につけられます。

こうした話し方をするためには、**生活のなかで「キャッチーな言葉」に敏感になる**ことが大切です。

あなたの近くに、いま、なにか商品はありますか？

その商品パッケージに書かれたキャッチコピーを見て、「どの言葉が心に刺さるか？」と考えてみてください。

たとえば、近くにあった「ペットボトルのお茶」からヒントを見つけたいとき、「商品名の横に書いてある文字」まで注意深く読みます。すると、「急須で入れたような、にごりの旨み」という印象的なキャッチコピーを発見しました。

この言葉を考えた人は、最後の一案を出すために、数えきれないくらいのキャッチコピーを考えたはずです。そのなかから飲む人の五感を刺激して、共感されるようなキャッチコピーをひとつだけ選んでいます。

そうやって**「言葉のプロが厳選して選んだ言葉」を吸収することを習慣にすると、インパクトのある言葉を敏感にキャッチできるようになる**のです。

オノマトペを使うとインパクトのある言葉になる

オノマトペとは、フランス語で「擬声語（擬音語や擬態語の総称）」を意味する言葉です。カタカナで声や、音、状態などを表現した言葉です。

×「明日は、雨がかなり降るでしょう」
○「明日は、雨がザーザー降るでしょう」

×「こちらの食洗機を使えば、食器がとてもきれいになります」
○「こちらの食洗機を使えば、食器がピカピカになります」

×「こちらの経理ソフトを使えば、定期代の計算が簡単にできます」
○「こちらの経理ソフトを使えば、定期代の計算がサクサクできます」

2つの表現を比べると、やはりオノマトペを使った言葉のほうが、軽やかで、イメージをふくらませやすく、インパクトのある表現になっています。「サクッとジューシーなおいしさ！」などプロのコピーライターもよく、このオノマトペをキャッチコピーで使っています。

「言葉を重ねる」だけで「インパクトのある言葉」に

ＡＫＢの総選挙を見ていると、やはり「神セブン」に入るメンバーはスピーチがうまいと思います。タレントの指原莉乃さんは、ＡＫＢのメンバーだった２０１６年の「ＡＫＢ48選抜総選挙」で1位に選ばれたときのスピーチで、

「みなさん、本当に、本当に、本当に……。ありがとうございます」
「私のファンが無理に無理に無理を重ねての1位です」

と、言葉を重ねるテクニックを使っています。これは「本当に」や「無理に」を3回言っただけです。それだけで「本当に」や「無理に」の意味が強くなり、「彼女の感謝している気持ち」がファンにより伝わったはずです。

コピーライターの佐々木圭一さんは、この言葉を重ねる技術を『伝え方が9割』（ダ

イヤモンド社）のなかで、「**リピート法**」と名づけて紹介しています。

たとえば、ビジネスパーソンが、プレゼンを締めるときに、「本日はお忙しいなかご清聴いただき、本当に、本当にありがとうございました」と言えば、感謝の気持ちがより伝わるはずです。

こうした**インパクトのあるフレーズを生活のなかで発見したら、それをノートにメモして、「ボキャブラリーノート」をつくってみましょう。**私もつくっています。

そのノートに印象的な言葉を書き溜めたり、ノートを読み返したりすることで、自然とボキャブラリーが増えますし、インパクトのある言葉はどういうものなのか、感覚的につかめるようになります。印象的な言葉、美しい言葉、心地よい言葉をたくさん自分の頭のなかに蓄積していきましょう。

"Check!"

ふだんから「キャッチーな言葉」を集める

\ Tips /
7

「しゃべり」だけに頼らずに「視覚」を活用する

耳から入った情報を１００％自分のものにするのは、どんなに優秀な人でも難しいものです。だからこそ、話し手がしゃべり以外の情報で補うことが大切です。スライドを使ったり、実物を見せたりして、しゃべりの不確かさを補いましょう。

「耳」だけでなく「目」にも伝える

ある研修で、２分間のプレゼンをしてもらいました。事前に3枚程度のスライドも使ってかまいませんという課題だったのですが、３分の1の人は、なにも用意しないで参加していました。

その結果、やはりスライドを使った人のほうが圧倒的にわかりやすい話ができました。それは、しゃべりの不確かな部分を、スライドの文字や写真や絵が補ってくれていたからです。

しゃべった言葉が、100%相手に正確に伝わるわけではありません。

たとえば、日本語には同音異義語がたくさんあって、「きしゃ」という言葉をしゃべったら、「記者、貴社、帰社、汽車」どの言葉を聞き手が想像するかわかりません。「話の文脈でわかるだろう」と思うかもしれませんが、その前後の話をちゃんと聞いてもらえているかどうかもわからないのです。

それに対して、スライドに書かれた言葉は視覚情報なので、間違って伝わることはまずありません。ですので、**大切な内容や、インパクトのある数字、難しい言葉などは、なるべくスライドで補いながら話す**ことをおすすめします。

もちろん、イメージしにくいものは、グラフや図、写真や絵で見せたほうがいいでしょう。

たとえば、「前年比で、売上が3倍に上がりました」と言葉だけで伝えるよりも、棒グラフ2つの視覚情報とともに伝えるほうが聞き手に伝わりやすくなります。まさに「百聞は一見にしかず」です。

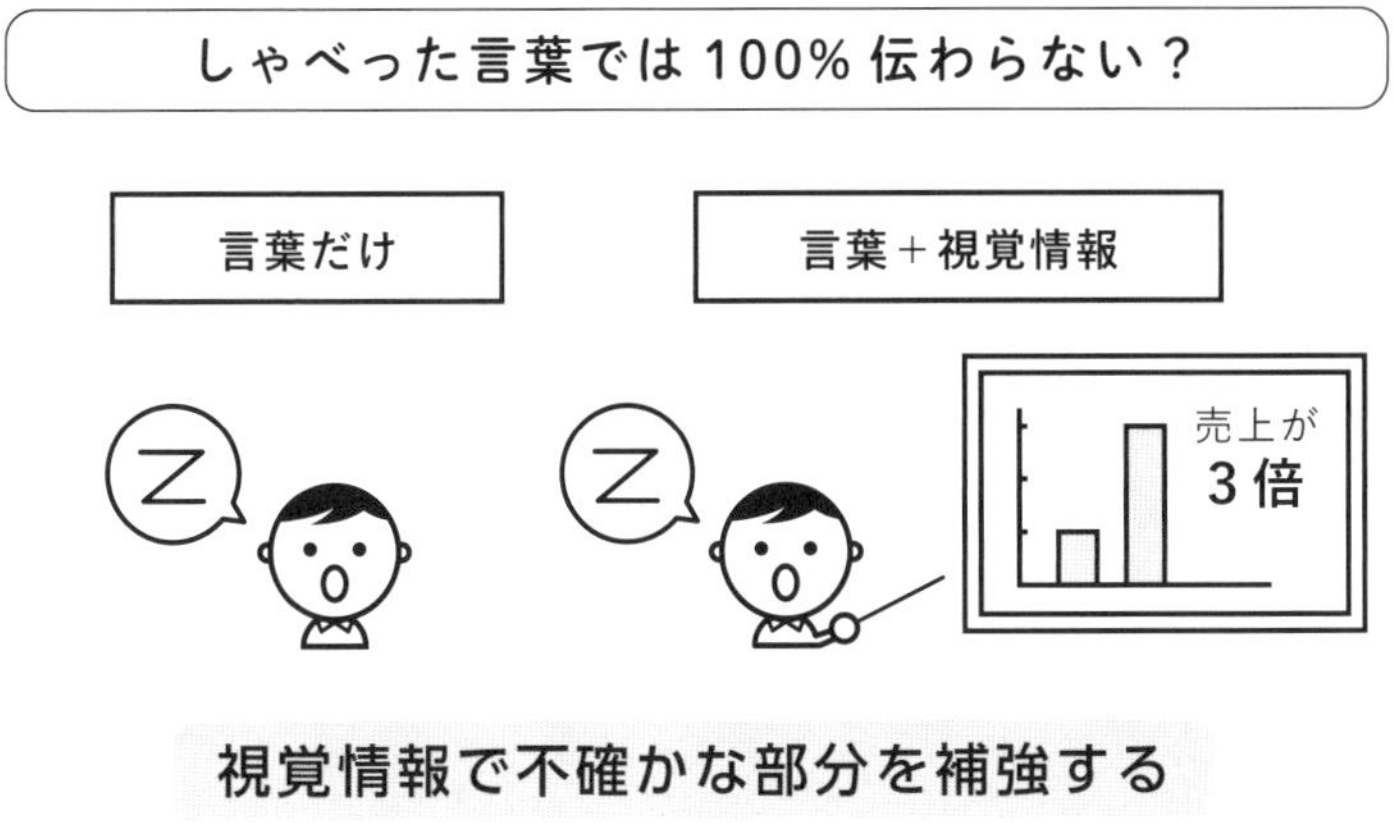

しゃべった言葉では100％伝わらない？
言葉だけ
言葉＋視覚情報
売上が
3倍
視覚情報で不確かな部分を補強する

スライドが使えない場所もあるでしょう。そうした場所では、あらかじめ資料などを用意しておいて、手元で確認してもらうようにしてください。

「実物」はしゃべりよりも雄弁

たとえば、テレビショッピングの通販番組で掃除機の宣伝をしています。あなたは、どこに注目して、その掃除機を買うかどうかを判断しますか？

司会者のトークでしょうか、それとも次々と細かいちりを吸いこむ掃除機の吸引力でしょうか。やはり圧倒的に説得力があるのは、実際の掃除機の吸引力を見せる「映像」でしょう。もちろん、セールストークも聞いていると思いますが、もしそこに実際の掃除機がなくて、話だけだったと想像してください。掃除機をいますぐ買う可能性は少ないでしょう。

このように、やはり「映像」には力強いインパクトがあるのです。

「映像」よりもっと伝わるのが「実物」です。

もしいまテーマにしているものの実物があるならば、かならずその「実物」を見せながら話しましょう。そのほうが、何倍も説得力が増します。

たとえば商品のプレゼンであれば、実際に商品そのものを見せながら話すのです。

つまり、視覚情報は言葉の不確かさをカバーしてくれるだけではなく、自分がしゃべる以上に、雄弁に語ってくれるのです。実物の力を使わない手はありません。

「実物」を「比較」すると一目瞭然

先ほど紹介した**「比較」と「実物」を合わせて使えば、かなり強い印象を聞き手に残すことができます。**

先日、家電量販店で、「野菜室に入れた野菜が腐りにくくなる」という最新式の冷蔵庫の説明を聞きました。そこには、「従来の冷蔵庫」と「最新式の冷蔵庫」の展示品が2つ並んでいて、それぞれの野菜室を見せてもらったのです。

その野菜室には、「2週間前に入れた」というパプリカと小松菜が入っていました。従来の冷蔵庫に入っていたパプリカと小松菜はすっかりしおれてしまっていました。しかし、最新式の冷蔵庫に入ったほうはまだみずみずしくて採れたてのようでした。販売員は、その様子を見せながら、「野菜が腐らない仕組み」を説明してくれました。

そのあと、私はどちらの冷蔵庫を購入したと思いますか？　もちろん、最新式の冷蔵庫です。

販売員がパンフレットを見せながら、野菜が腐らない仕組みを説明したとしても、私は購入を決めなかったでしょう。それだけではインパクトが弱く、購入したあとの未来をうまくイメージできないからです。

しかし、その販売員は、「2週間後の野菜の未来」を私の視覚に訴えながら説明しました。それによって、「購入したあとの未来」をうまくイメージできたからこそ、私は買いたくなったのです。

このように**実物を比較しながら説明すれば、聞き手の心をワシづかみにできます。**

イメージしやすい説明で、聞き手の理解を促しましょう。

「人のしゃべりは、不確かなものである」ことを大前提として、しゃべりを補えるものがあれば、文字でも写真でも、絵でもものでもなんでも使うことです。

一番説得力が増すのは実物です。そのつぎに写真や絵です。写真、絵がない事柄は文字で見せましょう。

ですから、緊張する場面で話す前には、「なにか見せられるものはないか？」を考えるようにしてください。

「これを見せれば、自分の言いたいことが伝えられる」と思えば、緊張感も和らぐはずです。

「見せて確実に伝える」は、話し方の鉄則です。

Check!

視覚に訴えかけられそうな「実物」を活用する

\ Tips /
8

話し上手は「間」で聞き手を引きつける

緊張する場面で、早口になってしまったという経験がある人も多いのではないでしょうか。焦りもあれば、早く終わらせたいという気持ちもあるのかもしれません。でも、**早口で話すと、聞き手の理解が追いつかない**ことがあります。それでは、「続きを聞きたい」と思ってもらえません。大切なのは、聞きとりやすく伝わりやすいように話すことです。

「、」で1拍、「。」で2拍置いてみる

早口の人は、言葉と言葉のあいだの「間《ま》」をうまく意識できていない状態だといえます。間がないと、話に抑揚やメリハリがなく一本調子になり、話の内容が伝わりにくくなってしまうのです。すると、聞き手は理解が追いつかないままに話を聞くこと

になってしまいます。

人前で話すときには、聞き手が「もうすこしゆっくり話してください」と言い出すことはあまりありません。その代わりに、集中して話を聞くことをやめてしまいます。こうしたことを避けるためにも、話すスピードはとても重要な要素なのです。

わかりやすく話すのがうまい人は、この「間」をコントロールしているのです。間をうまく入れると、内容が伝わりやすくなり、説得力が増します。

まず、**「間」をとるタイミングは、「、」で1拍、「。」で2拍置く**ことです。

たとえば、あるメーカーの社内会議で商品体験会の報告をするとします。文字だとわかりにくいと思うので、つぎの文章を読み上げてみてください。この2つの例を声に出して読み比べると、その違いがわかってもらえるでしょう。

× 「今月18日木曜日に東京本社のショールームで開かれた商品体験会には午前10時のスタート前から100名を超えるお客様で行列ができました」

○ 「今月18日木曜日に、(1拍) 東京本社のショールームで開かれた商品体験会には、(1拍) 午前10時のスタート前から、(1拍) 100名を超えるお客様で行列ができました。(2拍)」

前者の話し方は早口になりがちで、文章でいえば句読点(「、」「。」)が一切入っていない状態です。これは間のない話し方で、聞きとりにくくなってしまいます。そこで、「、」で1拍、「。」で2拍を置いて話すようにします。そうすれば、聞きとりやすくなり、話の内容を理解してもらいやすくなります。

専門用語・キーワード・数字はゆっくり話す

話すときには、ゆっくり話したほうがいい単語があります。

たとえば、**「専門用語・カタカナ語(聞きなじみのない言葉)」「キーワード」「数字」「固有名詞(地名・人名・商品名など)」などはゆっくり話しましょう。**

先ほどの例であれば、「今月18日」「東京本社のショールーム」や「100名」は、ゆっくりはっきり話して、メリハリをつけるようにします。これらをゆっくり話せば、聞き手が理解しやすくなります。

自分がくわしい専門領域について説明するときには、56ページで述べたように、言葉はなるべく開くのが原則です。それでも使う必要のある専門用語やカタカナ用語などはその意味合いなどをていねいに説明しつつ、ゆっくりと話すようにしましょう。

エピソードを話すときは「会話」を強調する

エピソードや出来事などを話すときには、「会話」「発言」「心の声」などはすこし高いトーンで大きめの声で話すと伝わりやすくなります。

「商品体験会にご来場いただいたお客様からは、『こういう商品がずっとほしかったんです！』という、うれしいお言葉をいただきました」

このように間を意識しながら、話すスピードを変え、メリハリをつけて話すと、同じ内容でも話はずっと伝わりやすくなります。ぜひ実践してみてください。

Check!

「、」で1拍、「。」で2拍を置いて話す

\ Tips /
9

自分の話し方のクセを自覚する

緊張する場面では、自分の話し方のクセがどうしても出てしまうものです。とくに出てしまいがちなのが、一文の長さ、語尾の伸び、「えー」「まー」などの「ひげ言葉」です。こうした言葉は聞き手の集中力を削いでしまいます。ほんのすこし意識するだけで、別人のように印象が変わり、聞きとりやすくなります。

一文を短くすると「聞きとりやすいリズム」が生まれる

話すときには一文を短くしたほうが、内容が伝わりやすくなります。

×「我々が調査したところ、○○という結果が出まして、この結果を分析してある仮説を立てたんですけれども、その仮説とは□□というものでして……」

○「我々が調査したところ、○○という結果が出ました。この結果を分析してある仮説を立てました。その仮説とは□□です」

「～まして」「～けれども」などでつないで一文が長くなってしまう話し方が続くと、話の内容を理解しづらくなってしまいます。例文のように一文を短くすると、言葉にキレが出てリズムが生まれ、聞きとりやすくなります。

語尾を伸ばすのはもったいない

研修や話し方の講座で指導していると、**「○○はぁ、○○になっていましてぇ」と語尾を伸ばしたり上げたりするクセ**のある人がいます。ほかにも、噛んだときに「えへへ」とごまかしてニヤニヤ笑うのも、好ましくありません。

こうした話し方はとくに女性に多いのですが、聞き手に幼く頼りない印象を与えてしまいます。**せっかくすばらしい内容の話をしていても、こうしたクセのせいでプロフェッショナルとしての信頼感が損なわれてしまうのは、非常にもったいない**ことです。

かしこまった場面で話すときには、服装に気をつかうのと同様に、話し方もフォーマルなものにして、プロフェッショナルとして信頼感を得るようにしましょう。服装を鏡でチェックするように、話し方は録音・録画してチェックするのがおすすめです。

研修で語尾や表情を直すように指摘したあとに、もう一度話してもらうと、完璧とはいかないまでも語尾のクセが5割ぐらいはなくなりますし、「えへへ」というニヤニヤ笑いもなくなります。すると、同じ内容の話をしていたとは思えないほど、説得力が増します。

この語尾や表情のクセに気をつけて話すだけで、「かわいい女子」から「プロフェッショナルな女性」へと、別人のように印象が変わるのです。大人の女性にとって「かわいい」は、ポジティブな意味ではなく、「幼い」「頼りない」といったネガティブな意味で使われる場面も多くあります。

こうした語尾を伸ばすクセやニヤニヤするクセのある人は、ふだんの会話でもこうした話し方をしているはずなので、気をつけましょう。

一方、男性に多いのが、**「○○が」などの助詞や、「○○ですけれども」などの接続助詞の音が強すぎるパターン**です。これもあまりに強すぎると、肝心の話の内容が入ってこなくなるので、気をつけましょう。

「えー」「まー」のひげ言葉のクセを自覚する

「えー」「まー」「そのー」「あのー」「えーと」「とか」などの「ひげ言葉」がクセになっている人も多いでしょう。

私の研修では、受講生に自分が話す姿を録画して見てもらいます。そのときに、感想を聞くと、「ひげ言葉が気になる」という声がよく返ってきます。

ひげ言葉が頻繁に出てくると、「うるさい」「話が入ってこない」と聞き手に感じさせて集中力を削いでしまいます。ひげ言葉がないほうが聞きとりやすくなるのです。

ひげ言葉を直すためには、自分のしゃべりを録音して、どういう言葉が入るのかを書き出すのがおすすめです。そして、そのクセを自覚しながらしゃべってみてください。

たとえば、「えー」というひげ言葉で話すクセを自覚できていると、「○○なんです。

えー」としゃべると、「言ってしまった」と思うので、つぎに言いそうになったときには「〇〇なんです。(黙ってこらえる)」というようにできます。

このように、ひげ言葉は自覚していてもつい出てしまうものなのですが、「あ、言っちゃったな」と思うと、つぎに我慢しやすくなります。

ただし、ひげ言葉は一度も口に出してはいけないものではありません。とくに緊張する場面では、ひげ言葉にまで意識はまわりにくいのでなおさらです。気にしすぎるあまり、内容の乏しい話になってしまっては本末転倒です。まずは、話の構成や表現そのものをブラッシュアップすることを優先してください。

"Check!"

「一文の長さ・ひげ言葉・語尾の伸び」に気をつける

COLUMN

動かせるものは動かす

アナウンススクールでは、「グッズ紹介」という課題があります。その名のとおり、自分のお気に入りのグッズを1分間で説明する課題です。

あなたなら、どんなグッズを紹介するでしょうか？

ある生徒は、お気に入りのグッズとしてiPadを選びました。iPadとApple Pencilの実物を見せながら、「Apple Pencilというペンを使えば、大学の講義のノートもとれる」「電子書籍リーダーのアプリで、本棚が持ち運べる」「長時間の移動中でも映画や動画を楽しめる」など、iPadのメリットを説明してくれました。

彼女の説明は、デジタル機器に疎い私にとっても非常にわかりやすいもので、ほかの生徒たちも「ほしくなった」と言っていたほどでした。

ただ、「惜しい」と思った点がありました。それは、iPadを手で持っているだけで、画面を表示するなど、実際に動かしていなかったことです。

たとえば、Apple Pencilでとった講義のノートや、実際に書いている様子を見せれば、その便利さがもっと伝わります。

電子書籍リーダーのアプリを開いて、たくさんの本が並んでいる画面をスクロールして見せれば、「本棚が持ち運べる」という言葉の説得力がさらに増したはずです。

映画や動画も「いま話題の○○も見られます」などと説明できます。

本章で、「見せて確実に伝える」方法を紹介しました。さらに、実際に動かして見せたり、相手に触ってもらったりすると、言いたいことがより伝わりやすくなります。「動かせるものは動かす」をぜひ実践してみてください。

第3章

聞き手の反応を見ながら話す

\ Tips /
1

目線を「8の字」に動かして聞き手を見る

「緊張していると、クセでついつい天井を見て話してしまうんですが、どうしたらいいでしょうか」

「人前に出て話すとき、そもそもどこを見ればいいのでしょうか」

という質問をよく受けます。

目線の動かし方しだいで、とても落ち着いて話しているように見えたり、逆に、自信がなさそうに見えたりしてしまうこともあります。目線はスピーチやプレゼンテーションの成否を分ける大切な要素のひとつです。

目線の「動かし方」で「伝わり方」が変わる

目線の動かし方を意識していないと、「目線が泳いでいる」「目線が上（下）に向いている」「一部の人だけを見ている」といった状態になってしまうものです。

これでは、「落ち着きがない」「自信がなさそう」に聞き手には見えてしまい、どんなによい話をしていても、見た目から説得力がなくなってしまいます。

そうはいっても、「緊張しているときに聞き手のほうを見る余裕なんてないよ」と思う人もいるでしょう。

よく聞き手を「かぼちゃ」と思って話せなどと言われますが、そうでなくても緊張しているのに、かぼちゃを会場に思い描くこと自体、簡単ではありません。

そこでおすすめしたいのは、**目線を会場の真ん中の一番奥の人に合わせる**ことです。大きな開場で、手前の人に目線を合わせると、遠くの人から見たときに下を向いているように見えて、自信がなさそうに映ってしまうからです。これだけでも、ずいぶん印象は変わります。

話しているうちに余裕が出てきたら、目線を動かすようにしましょう。

では、どのように動かせばいいのでしょうか？

まず、**最初に見るのは「会場の真ん中の一番奥の人」です。そこから会場全体に「8の字」を描くように、ゆっくりと目線を動かしていきます。**このとき、目線だけ

目線を「8の字」に動かす

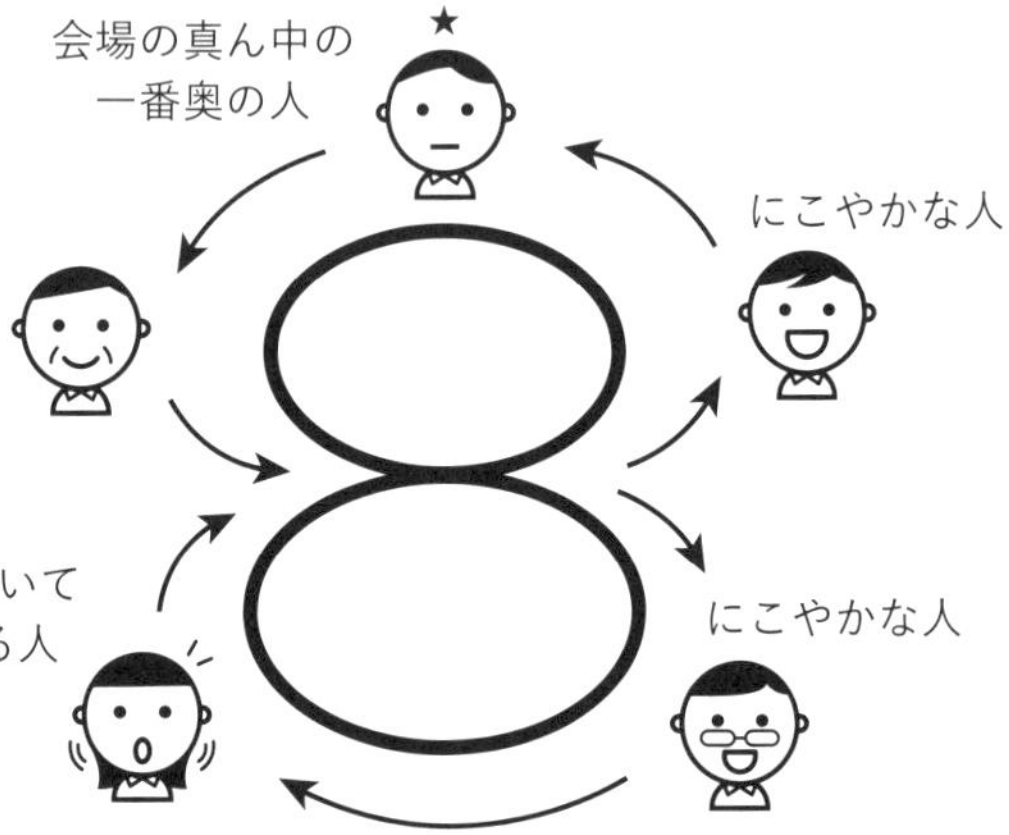

リズムが生まれて話しやすくなる

でなく、一緒に顔も動かすようにしましょう。

目線を動かすスピードは、聞き手のひとりと目が一瞬合ったらつぎの人に目線を移すぐらいがいいでしょう。

目線を8の字に動かしていくと、うなずいてくれたり、にこやかに聞いてくれたりする人と目が合うこともあります。すると、励まされているような気持ちになり、話しやすくなります。「8の字」に繰り返し動かしながら、その人のところにまた戻ってくれば、話しやすいリズムが生まれます。ただし、特定の人だけをずっと見ていると、ほかの人を無視しているように見えるので、あくまで目線は動かし続けるようにしましょう。

このように目線を「8の字」に動かしながら、聞き手の様子を見られるようになると、その反応に合わせて、話の内容を変えることもできます。たとえば、「よくわからない」という表情の人がいればよりていねいに説明できますし、興味を持っていそうな表情の人が多ければ、その話をふくらませることもできます。

目線の動かし方が身につけば、ひとり対大人数の場面で堂々と話しているように見えるだけでなく、聞き手とコミュニケーションをとりやすくなります。ぜひ意識してみてください。

Check!

目線を「8の字」に動かして聞き手の様子を見る

\ Tips /

2

「質問」で聞き手の集中力を高める

人前で話すときには、一方的に話すものだと思っていませんか？

人前で話すのがうまい人は、「質問上手」です。持ち時間の長短にかかわらず、聞き手に質問を投げかけて、「なぜだろう」「どっちだろう」と考える「思考タイム」をはさんでいます。これによって、相手の興味を引きつけて、続きが聞きたくなるようにしているのです。

「質問」して「思考タイム」をはさむ

たとえば、結婚披露宴の友人代表のスピーチであれば、

「本日めでたく金屏風の前に座っている新郎と私ですが、学生時代にモテたのはどちらだと思いますか？」

と投げかけます。すると、聞き手は顔を見比べて、

「新郎かな。でも、この人もハンサムだからもしかして……」

などと考えます。聞き手にとっては、この考える時間が、楽しい時間になるわけです。この場合、披露宴ですから、答えはやはり新郎です。

「答えは新郎です。私と思ってくださった方、お心づかいありがとうございます。新郎は学生時代からだれにでも優しくて、困った顔をしていると『なにかあった？』と声をかけるタイプで、モテたのは圧倒的に新郎です」

聞き手にとっては、この答えを聞く前の考えている時間が楽しいのです。最初からストレートに、「学生時代から新郎のほうがモテた」と聞かされるよりも、ひとつの質問が入るだけで、ぐっと引きこまれます。


仕事の場面でも同様です。新たに商品開発したアロマ加湿器を緑色にした理由をプレゼンするときに、より聞き手が引きつけられるのはどちらでしょうか？

Ａ：「この商品は緑色にしました。安らぎの色だからです」
Ｂ：「この商品は緑色にしました。なぜ、緑にしたと思いますか？」

たいていの人は、Bのほうが「なぜだろう?」と考えさせられて引きつけられるはずです。その理由が、「緑にしたのは、自然の木々のイメージで、安らぎの色だからです」というような、たいしたひねりがないものであっても、聞き手は能動的に話を聞いてくれるようになります。

このように聞き手に質問をすれば、双方向のコミュニケーションが生まれます。そうすると、聞き手はどんどん興味を引かれていくのです。

「挙手」してもらうのも効果的

聞き手に質問して、挙手で答えてもらう方法もあります。

たとえば、**「AとB、どちらだと思いますか?」と投げかけて、「Aだと思う人は手を挙げてください。だいたい7割ぐらいですかね。では、Bだと思う人は?」などと言って、手を挙げてもらいます。**

こうすると、「正解はAです。今日お集まりのみなさんは鋭いですね!」と言ったり、「じつはBなんです。私も最初はAだと思っていたんですが」などと言ったりして、そのあとの話にメリハリをつけられます。

こうすると聞き手は、受け身にならずに、「どっちだろう？」「なぜだろう？」と考えながら話を聞くことができるのです。一方の話し手のほうも聞き手と会話しているような気持ちになって、話しやすい雰囲気をつくることができます。

齋藤孝先生の聞き手の心をつかむ「拍手」の使い方

大人数に向けて話すときには、質問に「拍手」で答えてもらう方法もあります。

以前、ある高校で保護者向けに開かれた齋藤孝先生の講演を聞きに行ったときのことです。

そのときに冒頭で、齋藤先生が、

「学生時代に私はすごく勉強したと思う親御さんは、**拍手してください**」

と言うと、拍手のパチパチという音がほとんど聞こえませんでした。それを見て、

「そうですよね。でも、お子様たちには『勉強してほしい』って思っているんですよね」

と笑いを誘ってから、講演を展開していました。聞き手をどんどん前のめりにさせ

ていき、「さすが、齋藤先生」と感動しました。

なかには、「質問をして、変な答えが返ってきて、話の腰を折られてしまったらどうしよう」と不安を感じる人もいるかもしれません。

その心配は必要ありません。質問を投げても、実際に具体的な答えを求めるわけではなく、手を挙げてもらったり、拍手をしてもらったりするだけですので、話の進行に影響はありません。

実際に質問してやりとりするのもあり

もちろん、実際に答えを聞いてやりとりする方法もあります。

たとえば、

「では、みなさんの意見も伺ってみましょう。こちらにお座りの紺色のジャケットをお召しの方、いかがでしょうか?」

などとマイクを向けて話すやり方です。

この方法は、相手がなにを言ってきても対応できる反射神経のよさと余裕が求められるので、上級者向けのテクニックともいえます。聞き手は、「今度は自分が指名されるかもしれない」と思うので、話を聞く集中力がさらに高まります。

このように、質問を適度に入れると、聞き手に「考える時間」ができ、話を聞く集中力が高まります。大勢に向かって話すときでも、双方向のコミュニケーションが生まれ、メリハリがつき、笑いも生まれやすくなります。人前で話すのに慣れている感じも出てスマートです。ぜひ試してみてください。

Check!

聞き手への「質問」を時折入れてみる

\ Tips /

3

相手の「行動」につながるように話す

会議や勉強会、セミナー、研修など人前で話すときには、「伝える」ことの先に「相手を動かす」ことを意識することが必要な場面もあります。

セミナーを受けたあと、具体的になんらかの「行動」につながらなければ、そのセミナーは成功したとはいえません。伝え方があいまいだと、聞き手はどのように行動すればよいかが、わからなくなってしまいます。相手に動いてほしいときは、どう動いてほしいか、具体的なステップを明確に示しましょう。

要求は具体的に伝える

私は以前、アナウンススクールの生徒に発声練習の課題を出すとき、「来週まで毎日発声練習をしてきてください」という言い方をしていました。しかし、その言い方では、毎日の発声練習をしてこない生徒が大勢いたのです。

生徒からすれば、漠然としたメッセージを受けとっても、なにをすればいいのかイメージできなかったのでしょう。とくにマニュアル世代の若い人は、漠然としたメッセージには反応しづらいようです。「この問題集を解けば、何点採れる」という具体的なノウハウと結果を教えられている世代ですから、「練習方法はあなたが自由に決めていいのよ」と言われても、反応しづらいのかもしれません。

そこで、より具体的なステップで示すことにしました。

まず、

「これから紹介する練習をすれば、だれでも1週間後には、少なくとも新人アナウンサーレベルの発声力を手に入れられるはずです」

と最初にその練習の効果を伝えました。それを聞いた生徒が、「そんなに効果があるの？」と興味を示すと思ったからです。

つぎに、

「ア行からピャ行までを1周として、一語一語区切りながら、10メートル先の壁に向かって声をぶつけるイメージで3周練習してください。この練習を毎日行ないます」

と練習内容をしぼって具体的に伝えました。それを聞けば、生徒はなにをやればいいかをイメージできて、行動しやすくなるからです。

この伝え方に変えたら、ほとんどの生徒が発声練習をしてくるようになりました。**イメージしやすい伝え方をすれば、聞き手は動き出してくれる**のです。

「これがマスト」と伝われば、聞き手は動き出す

聞き手の行動に変化を促したいときは、行動を変えなければならない理由と強い表現を意識しましょう。そうすれば、聞き手は「絶対にしなければいけないことだ」「強く要求されている」と感じて動き出すからです。

以前、私はスーパーマーケットのマナー研修で、先方の研修担当者から「笑顔の大切さ」を教えてほしいとリクエストされていました。

スーパーマーケットには、「笑顔で接客することが苦手」だと感じるバックヤード業務の人が少なくありません。しかし、スーパーマーケットでは、商品だけではなく、接客のよさも売りになります。そのため、笑顔が苦手な人にも、「笑顔の大切さ」を理解してもらう必要があるのです。

「笑顔で接客しましょう」と言われても、バックヤードのみなさんは、「自分に言わ

れているわけではない」「必須ではない」と感じる可能性があります。

そこで、私は、なぜ笑顔が大切なのかを強めの言葉を選んで伝えました。

「お給料の半分は接客です。対面販売しているとき、たとえばお客様はスタッフの笑顔に心を動かされて、商品を購入するかどうかを決めることもあります。お店ですれ違うとき、『いらっしゃいませ』と笑顔であいさつをされたら、多くのお客様はこの店は感じがいいからまたききたいと感じます。笑顔は接客の基本です。笑顔でいることはマストです」

そう話した研修のあと、受講者から「話を聞いて、私は笑顔がなかったことに気づきました」「接客業には笑顔が必要なんだと改めて認識できました」と言われ、私の話が伝わったのだと手応えを得られました。

具体的な行動とその理由をはっきり伝えれば、相手は行動に移しやすくなります。

「どう話せば相手の行動が変わるのか」を意識して伝えるようにしてください。

"Check!"

聞き手に望む行動は、具体的に強く伝える

\ Tips /
4

大切なことは何度伝えてもいい

大切なことを話しても聞き手が理解していない様子だったとき、「どうすれば伝わるのだろう?」と焦りやプレッシャーを感じるかもしれません。そんなときは、理解してもらえるまで、繰り返し話しましょう。一度話して理解されないことでも、辛抱強く話していくようにすれば、聞き手は理解できるようになるのです。

一度では記憶に残らないこともある

聞き手が理解できないときは、前に話した情報だとしても、繰り返し話して理解を促します。ただ、そう言われても、「同じことを何度も話す」ことを躊躇《ちゅうちょ》する人がいるかもしれません。

以前、私も大学生に大切なことを教えるとき、「しつこいと思われたくない」「一度話したことは学生たちは理解しているはずだ」と考えて、一度教えたことは二度と教えてはいけない、と思いこんでいました。「いつも新しい情報を教えなければ、講師としての存在価値がない」とさえ思っていたのです。

しかし、聞き手からすれば、**毎回新しい情報を与えられても、すべてを覚えきれるわけではありません。**そもそもなんの予備知識もない人が、専門的なことを一から習得するのは大変です。忘れてしまうことのほうが多いでしょう。だから、繰り返し伝えることが大切なのです。

それに気づいてからは、繰り返し教えることを大切にしています。

たとえば大学で出欠をとるとき、「返事をするときは、相手の目を見て、返事をしましょう。たとえ、出欠をとるだけであっても、それは双方向のコミュニケーションです。きちんとアイコンタクトをとって初めてコミュニケーションが成立したといえるのです」と伝えます。それでも、目線が合わない学生がいます。そのときはさらに、「下を向いて返事をしたら、それは、名前を呼んだ相手に返事をしたことになりません。机に返事をしているのと同じですよ」と話します。

しかし、また、しばらくすると、アイコンタクトがだんだんなくなってきてしまいます。そんなときには、

「就職の面接で、1次試験は最初の5秒で十分だとも言われています。面接会場に入った瞬間に、きちんと面接担当者とアイコンタクトができるかどうかが見られているのです。アイコンタクトはコミュニケーションの始めの一歩です。アイコンタクトなしでは、コミュニケーションは始まらないんですよ」

と就活を例にとって話をします。そうすると、さすがにアイコンタクトを忘れがちな学生たちも次回からはきちんとアイコンタクトをするようになります。

これだけ繰り返し話せば、言われていることが腑に落ちて、記憶にも残り、行動に移そうと思えるはずです。

相手に合わせて情報量を変える

大切なことを伝えたいときは、「情報量」にも注意しましょう。**聞き手の反応を見て、ときには伝えるべき情報をしぼって話す**ことです。

たとえば、ビジネスパーソンを対象にしたプレゼンセミナーで「声が小さくて、滑舌も悪くて、表情が硬い人」がいたとします。プレゼンが終わったとき、このアドバイスを一度にすべてしたとしても、2回めにすべてを改善するのは、難しいものです。

ですから、アドバイスのポイントをひとつにしぼってみます。「声が小さいので、せっかくのよい内容がプレゼンで伝わってきません。つぎは、いまの3倍ぐらい大きな声で話してみましょう」とお伝えします。

すると、2回めはすこし声が大きくなります。じつは、それにともなって、滑舌もすこしよくなります。人は声を大きくしようとすると、口を大きく動かすようになり、自然とそれで発音もよくなるからです。あとの滑舌に関しては、「毎日、ラレリルレロラロと繰り返して30秒間だけ発音練習をしてきてください」と伝えます（122ページ参照）。表情はまた、つぎの課題にとっておくぐらいのほうがいいときもあります。

次々と新しい情報を出しても、それまでの情報を理解していない聞き手を混乱させるだけです。聞き手が理解できる情報量にしぼって、繰り返し話してください。

"Check!"

聞き手の「理解度・情報量」を意識して話す

\ Tips /
5

「質疑応答」は準備で乗り越える

就職・転職の面接の場面や、会議の発表、プレゼンのあとなど、聞き手からの「質問」に答えるのが苦手という人もいるかもしれません。「質問に答えられなかったら、どうしよう……」と考えるだけでも緊張は高まります。そのような急な質問にも少なからず準備をする方法はあるものです。すこしでも余計な緊張を感じないために質疑応答もできるかぎり準備するようにしましょう。

第三者の目を通して事前に用意する

まず、「答えられないといけない質問」があります。

たとえば、営業パーソンがプレゼンをしたあとに、「このサービスの費用は高すぎませんか？　この概算の根拠を教えてください」と聞かれて十分に答えられないと、詰めが甘いと思われてしまいます。

その質問に「○○だからです」と答えたとして、さらに、「他社のサービスと比べると2割ほど割高のようですが、どういう理由でしょうか？」と一段掘り下げて聞かれて、答えに窮してしまう営業パーソンは相手を説得できなくなってしまいます。

こうした**「定番質問」は、答えられないとプレゼンの成否にかかわってくるので、事前に答えられるように用意しておく**必要があります。

本番に向けて一所懸命準備する過程のなかで、話の内容を客観的に見られなくなることはよくあるものです。本人にとっては「想定外の質問」でも、聞き手からすれば、「答えてもらわないといけない質問」であることもあります。

これを避けるためには、**第三者である上司や先輩にプレゼンを見てもらって確認することです**。「いまの説明でわかりにくい部分はありましたか？」「どんな質問が出てきそうでしょうか？」などと聞くようにしましょう。そうすれば、「価格について、他社の競合商品となにが違うのかも説明したほうがいいね」などとフィードバックをもらえるかもしれません。

そして、それに対して答えられるように準備しておきましょう。

「もし○○と聞かれたら？」という想定質問と、それに対しての結論と理由をメモしておくのがおすすめです。そのメモをもとに、結論の内容を短い言葉でわかりやすく答えられるように表現の工夫をしておきます。

質疑応答では、

- 「もうすこしわかりやすく（くわしく）教えてください」という明快さや論理性
- 「なにか事例はありますか？」という具体例
- 「裏づけになる根拠はどういうものでしょうか？」という根拠

などを求められることが多いのではないかと思います。これらは質問されたときに備えて、できる範囲で手元に資料を用意しておくのがいいでしょう。

ここでもやはり、できることは、前述したＰＲＥＰで準備しておく姿勢が必要です。面接の質問や、会議の発表も同じです。

「想定外の質問」には誠実に対処する

それでも準備しきれなかったものは「想定外の質問」だといえます。

想定外の質問には、「すべて答えないといけない」と考える必要はありません。

このときに**避けたいのは、考えこんで沈黙してしまうことです。**答えづらい質問を受けたときに、黙って考えこんでしまうと、相手は質問の意味や内容が伝わっているか不安になりますし、コミュニケーションが苦手な人だと判断されてしまうこともあります。

それから、**見栄を張って適当に答えるのも避けましょう。**その場で適当に答えて、あとから間違いだとわかった場合、相手に不誠実な印象を与えてしまいます。

すこし考えれば答えられそうな質問であれば、「○○というご質問ですね」とオウムがえしをして時間を稼ぎながら、答えを考える方法もあります。

いますぐはわからないけれど、会社で調べればわかりそうな質問であれば、「いま手元に資料がないので、この場で正確にはお答えしかねるのですが、○○ではないかと思います。あらためて調べまして、ご連絡差し上げます」と伝えてもいいでしょう。

こちらの考えや調べが足りないのであれば、「ご指摘の点については、これから検討してまいります」と素直に伝えてもいいでしょう。

そもそも質問の意図や意味がよくわからないときには、「もう一度お願いしてもよろしいですか?」「○○についてのご質問ということ(理解)でよろしいでしょうか？」などと聞き返しても問題ありません。勝手に解釈してしまうと、答えがずれてしまうことになります。

面接での想定外の質問の場合、そもそも答えがなく、とっさの対応力を見るための質問だということもあります。こうした質問にうまく答えられなくても、その一問だけで合否が決まるものではないことも少なくありません。そのあと面接でやりとりをしているうちに、答えが浮かんだら、「先ほどのご質問について、お話ししてもよろしいでしょうか」と確認してから答え直してもいいでしょう。

プレゼンであっても面接であっても、質疑応答をしていると、人柄が出てきます。なかには、質疑応答の中身よりもむしろそこを見ている人もいるぐらいです。質問された以上は、その質問に誠実に向き合い、前向きに答えるようにしましょう。

"Check!"

質疑応答は第三者に見てもらって準備する

第4章

大切なのにだれも教えてくれない
話し方と振る舞いの基本

\ Tips /
1

「ラ行」を30秒間繰り返すと噛まなくなる

話すときに噛んでしまうのは、「緊張からくるストレス」のせいだと思っていませんか？　じつは、そうではありません。「舌の筋肉が半分寝ている」ことが原因なのです。

そこで話し出す前に、ウォーミングアップをして舌の筋肉を動かしましょう。そうすれば、噛まなくなります。

噛んでしまうのは「緊張」のせいではない

「舌の筋肉が半分寝ている」とは、どのような状態でしょうか？

その説明の前に、一度、「東京特許許可局（とうきょうとっきょきょかきょく）」と口に出してみてください。

噛まずに言えましたか？

「東京特許許可局」と話そうとすると、あなたの脳から舌には、「『東京特許許可局』と話せ」という命令が届きます。

そのとき舌のコンディションがうまく整っている状態であれば、命令どおりに発音できます。「東京特許許可局」を噛まずに言えたのだとしたら、それまでに話すことなどを通じて十分舌の筋肉を動かしていたからだといえます。

一方、しばらく話していないときの舌の筋肉は、温かく湿った口のなかで「気持ちいい」と、半分寝ている状態だとイメージしてください。そのため脳からいきなり早口言葉のような言いにくい言葉を発音するように命令が届いても、その命令どおりに発音できません。「とうきょうきょっきょ……」などと噛んだのだとしたら、それはあなたの「舌の筋肉が半分寝ている」せいなのです。

たとえるなら、寝ている舌の筋肉に命令を届けることは、ウォーミングアップしていない陸上選手に「いますぐ100メートルを走りなさい」と言っているようなものです。しかし、陸上選手が本番で速く走るためには、ウォーミングアップが必要になります。

それと同じように、しゃべりのプロであるアナウンサーでも、半分寝ている舌の筋肉に「そろそろ本番だから起きて」と知らせるためのウォーミングアップを行ないます。そうしなければ、舌をうまく動かせずに噛んでしまうこともあるからです。

たった1分間の練習で「実力以上の発音」ができる

舌の筋肉を起こすウォーミングアップは、話し出す前に「ラ行」の音を練習するだけです。

ここで、**「ラレリルレロラロ」を繰り返し30秒間言ってみてください。**

舌の動きはどうなりましたか？　舌が上あごに触れては離れるのがわかったのではないでしょうか。

「ラ行」の音は日本語のなかでも、舌の筋肉を最も大きく動かす音です。ラ行の一音一音を発音しようとすると、舌が上アゴに触れ、弾きます。そのように舌の筋肉がよく動くため、ラ行の音を練習すると滑舌がよくなるのです。

プレゼンやスピーチ、面接などの本番5～15分前には、「ラレリルレロラロ」の音を30秒間、さらに「レロレロレロ」という音を30秒間、合計1分間の発音練習をしましょう。

そうすれば、**たった1分間の練習で自分の舌とは思えないくらい、なめらかに発音できる**はずです。その1分間で実力以上の動きをしてくれるのですから、舌の筋肉はトレーニングする価値のある筋肉なのです。

本番でしゃべる前には「あくび」がおすすめ

顔の筋肉が緊張したまま話そうとしても、口元がなめらかに動かず、なかなかうまく話せません。それは口の形をほとんど変えることができず、発音が悪くなるからです。そうならないためにも、本番前に「ラ行の発音練習」をして口元の緊張をほぐしましょう。

また、目元の強ばった表情筋を動かすためには、聞き手と目を合わせながら、笑顔をつくることです。本番中は、にこやかな表情を保ち、口元を動かすことも意識して話してください。そうすれば、緊張で強ばった顔の筋肉がほぐれて話しやすくなります。

緊張すると、「声がかすれてしまう」という人がいますが、それは緊張でのどが締まるためです。そんなときは、締まった部分をゆるめてあげましょう。

そのために発音練習の前は首を回したり、肩を回したりしてください。そうすると、首と肩の無駄な力が抜けて、のどもゆるみ、よい声を出しやすくなります。

のどをゆるませる一番の方法は「あくび」です。

あくびをするときのように、口を大きく開けて、息を思い切り吸いこんでみましょう。すると、のどに冷たい息が当たります。その冷たい息が当たったのどの位置が締まっているために声が出しにくいのです。

あくびをすれば、のどの入り口が一気に開きます。そして、のどに冷たい息が当たった瞬間、締まっていた部分はゆるみ、声を出しやすくなるのです。

電話応対の前に発音力を上げる

ラ行の発音練習は、スピーチや面接、発表会などの幅広い場面で活用できます。とくに、発音力を上げる必要がある「電話応対が多い人」にもおすすめです。

電話で聞きとりやすいかどうかは、「発音力」が決め手となります。うまく発音できず、聞きとってもらえなければ、言いたいことが相手に伝わりません。だからこそ、朝一番にウォーミングアップを行ない、電話応対での発音力を上げましょう。

それ以外の人でも、だれかと会う前にウォーミングアップしておけば、朝のあいさつをしたときなどに、声がはっきり出て好印象を持ってもらえるはずです。

人前で話す機会が多い人は、１日１分間の発音練習の習慣を身につけると、なにもしないときよりも、ずっとなめらかに発声できるようになります。噛まないようになれば、聞き手の耳に言いたいことをはっきりと届けられるのです。

Check!

「ラ行」で舌の筋肉を動かす練習をする

\ Tips /
2

にこやかな表情をつくる秘訣

スピーチやプレゼンの研修で見ていると、人前に立ったときの表情が緊張でこわばっている人がほとんどです。

緊張する場面で話すときに、表情にまで意識を向けるのは難しいことでしょう。しかし、多くの人ができていないからこそ、「にこやかな表情」を意識してほしいのです。それだけで、人前に立つシーンで一歩リードすることができます。さらに話の内容に合わせて表情をコントロールできれば、説得力が生まれますし、自信と余裕を感じさせられます。

「ウェルカムの表情」を心がける

人の素の表情（とくになにも意識していないときの表情）には大きく3つのパター

どの表情が話しやすそう？

① 口角の上がった表情	② 口角が一直線の表情	③ 口角の下がった表情

ウェルカムの表情 話しやすい	無表情	不機嫌に見える 表情

①の表情を身につけよう

ンがあります。

①口角の上がった表情
②口角が一直線になっている表情
③口角の下がった表情

上のイラストを見て、話しやすそうな印象を受ける表情はどれでしょうか？「①口角の上がった表情」が話しやすそうだと感じるでしょう。

この表情は、**「ウェルカムの表情」と呼ばれ、相手に「あなたとコミュニケーションをとりたい」と思っていることが伝わる表情**なのです。

「②口角が一直線になっている表情」は、無表情に見え、「③口角の下がった表情」

では、不機嫌に見えてしまいます。そんな人とは積極的にコミュニケーションをとりたいと思えないでしょう。

私の経験上、とくに意識せずに「①口角の上がった表情」をできる人は、100人にひとりぐらいしかいません。あとの99人は、ほとんど「②口角が一直線になっている表情」か、「③口角の下がった表情」をしています。

だからこそ、ここにチャンスがあります。**表情に意識を向けられれば、相手に好印象を残すことができる**のです。

最初の5秒でチャンスをつかむ「笑顔の力」

「1次面接は最初の5秒で十分」

アナウンサーやCA（キャビンアテンダント、客室乗務員）を採用する面接担当者が、口をそろえて言う言葉です。

最初の5秒でなにを見ているかというと、「表情」です。

ドアをトントントンとノックして、「失礼します」と入った瞬間に、面接担当者の前でどのような表情をしているのかで、適性が判断できてしまうのです。

「①口角の上がった表情（ウェルカムの表情）」ができる人は、それだけで一気に有利になります。

面接ですから、多くの人が気持ちをそのまま表情に表わすと、「②口角が一直線になっている表情」か「③口角の下がった表情」になるでしょう。でも、心は②か③であっても、①の表情でいないといけないのです。

とくにアナウンサーやＣＡなどの不特定多数の人と接する機会が多い職業の人は、**自分がいまどのような表情をしているのかに意識を向ける必要がある**のです。

これは採用試験にかぎったことではありません。

私も仕事を通じて、さまざまな企業の経営者や役員、部長、多くの人から尊敬を集める著名人と会ってきましたが、会った瞬間の笑顔が魅力的な人が多いように感じます。それは、仕事で成果を出すために、笑顔の力が大きく作用することを知っているからでしょう。

「ウェルカムの表情」をつくることは、コミュニケーションの最初の一歩であり、チャンスをつかむための手段でもあるのです。

「口角」を上げれば、にこやかに見える

では、どうすれば「ウェルカムの表情」ができるようになるのでしょうか？
それは、**鏡の前で、にこやかに口角を上げて、表情をチェックする習慣を身につけること**です。

たとえば、朝起きて顔を洗ったあとや、家を出る前に身だしなみをチェックするとき、そしてトイレに行ったときなど、鏡のあるスペースでは、かならず表情、とくに口角をチェックすることを習慣にしてください。

そして、**男性でも女性でも、「手鏡」を持つのがおすすめ**です。手鏡で時々、「いま、自分がどのような表情をしているのか」を確かめてみてください。

こうしていれば、自分の表情に意識を向けられるようになります。鏡を見なくとも、自分がいまどのような表情をしているか、意識できるようにしたいものです。

こうしたことをふだんから心がけていれば、緊張する場面でも自分の表情に意識を

向けられるようになります。すると余裕を感じさせ、「この人の話を聞いてみたい」という気にさせることもできるのです。

「鼻から上」をにこやかにする練習

上級者向けのテクニックとして、「鼻から上をにこやかにする」というものがあります。ぜひ本を横に置いて、つぎの方法でやってみてください。

鏡やスマホの内側カメラを見て、口を閉じたまま口角だけを上げます。これは口元だけがにこやかになった状態です。

ここで、片手で口を隠してみてください。目元だけで表情づくりをするためです。そして、男性は「オレが世界で一番いい男だ」と、女性は「私が世界で一番かわいい（美しい）」と思って鏡を見てください。

そうしたら、笑みがこぼれるはずです。この「ふふふ」と笑ったときの、自分の目元を覚えていてほしいのです。「ふふふ」と笑うと、口角が上がり、ほほの上のほうが上がります。この**目元がほほえんだときの表情が本当の「ウェルカムの表情」です。**

感覚がつかみにくいという方も多いと思いますが、ぜひ鏡の前で繰り返しチェックしてみてください。表情をつくるのは顔の筋肉です。筋肉ですから、練習すればきっとできるようになります。この練習をしていれば、緊張した場面でもにこやかな表情で、聞き手に「この人は違う」と思わせることができます。

一度身につけると一生ものですから、練習しない手はないのではないでしょうか。

"Check!"

ふだんから鏡を見て自分の表情に意識を向ける

\ Tips /
3

「見た目」を整える

人前で話すときには、「話の内容さえよければいい」というものではありません。**聞き手は、話し手の姿勢、表情、立ち居振る舞い、メイク、服装などの見た目で、「信頼できる人か」「聞くに値する話をしてくれるか」を判断しているものです。**

そのため、話の内容だけではなく、見た目にも気を配りましょう。

「ワインオープナー」になったつもりで正しい姿勢を

まず、**注意したいのは「姿勢」**です。

「猫背」では、自信がなさそうに見えてしまいます。背中が丸くなり、アゴが前に突き出るような姿勢では、見た目も悪く、不健康な印象になってしまいます。

とくにビジネスシーンでは、「スーツを着る男性」が猫背になりやすい傾向があります。スーツジャケットは背後から被るように着るため、肩が内側に入りやすいのです。そもそも、「スーツのサイズ」が合っていない可能性もあります。

姿見で、立ち姿勢を横から見て、猫背になっていないかどうかをチェックしてみてください。気の置けない人に、背中が曲がっていないか確認するのもよいでしょう。姿見が近くにないときは、お腹を引っこめて、胸はなるべく高い位置にして立ちます。そうすれば、耳からくるぶしまでが一直線になり、正しい姿勢を保てます。


ただ、正しい姿勢をとっさにイメージするのは、難しく感じるかもしれません。そんなときには、私がダンススクールの先生に教えてもらった「ワインオープナーになったつもりで立つ方法」をおすすめします。

ウィング型のワインオープナーは、真ん中にあるスクリューをワインコルクにねじこみ、両側に開いているレバーを左右同時に引き下げると、栓が抜ける仕組みになっています。

そのワインオープナーを「自分の体」だとイメージしてみましょう。スクリューが背骨、両側に開いたレバーは自分の腕です。その腕を下におろしていくようにして、背骨を正してみるのです。肩を下げながらそれと反対に頭を持ち上げるようにしま

「ワインオープナー」をイメージして姿勢を正す

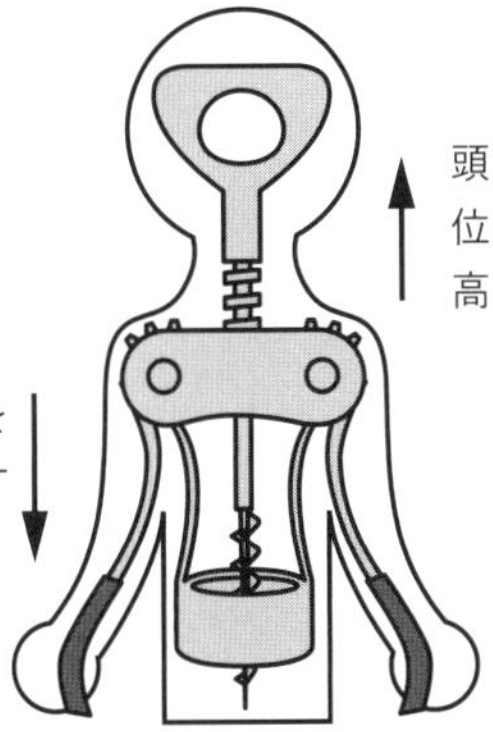

腕をおろして頭と胸の位置を高くする

す。そうすれば、頭と胸の位置が自然と高くなります。

「服装」をチェックする

つぎに、「服装」をチェックしていきます。

男女ともに大切なのは「サイズ感」です。サイズが合っていないと、野暮ったく見えたり、太って見えたりして、冴えない印象になってしまいます。お店できちんと試着して、販売員に相談しながら、おかしいところがないかを確認しましょう。

それから、スーツのボタンも意識

しましょう。

スーツのボタンをとめずに開けたままにすると、横柄な印象、だらしない印象を周囲に与えてしまいます。

男性の場合、2つボタンのスーツであれば「上のボタン」を、3つボタンのスーツであれば「真ん中のボタン」をとめましょう。2つ以上のボタンがついているスーツは、「一番下のボタンはとめない」のがルールです。一番下のボタンをとめると、着慣れていないように感じさせてしまいますので、気をつけましょう。

女性には、こうしたボタンを外すルールはありません。すべてのボタンをとめるようにしましょう。


また、指名される前に、スーツのボタンはあらかじめとめておきましょう。

海外の映画やドラマなどでは、俳優が椅子から立ち上がるさいに、スーツのボタンをとめるシーンがあります。その仕草は洗練されてかっこいいものですが、練習もなく慣れないことをしても、かっこよく見せることは難しいでしょう。そのため、あらかじめボタンをとめることをおすすめします。

足元は、靴が汚れていたり、革がめくれていたりすると、だらしなく見えてしまいます。靴磨きもきちんとするようにしましょう。本格的な靴磨きは、月1回ぐらいのペースでするのがおすすめです。ふだんは、スポンジに靴クリームを染みこませたもので、簡単に靴を磨ける手入れ用品も売っていますので、靴のまわりをそのスポンジで軽くなでるだけで十分靴はきれいになります。

身だしなみが整っていると、誠実さが伝わり、話の内容にも説得力が生まれます。話の内容や話し方だけではなく、見た目でも信頼される人を目指しましょう。

"Check!"

「姿勢」「服装」「靴」の身だしなみを整える

\ Tips /

4

手足が震えてきたときにはどうする？

大人数の前で話すとき、緊張して手足や声が震えてしまうことがあります。こうした震えは事前に予測できないものです。そうした「まさか」の場面に備えて「震え」を抑える方法を紹介します。

足の震えが止まらないときは「重心」を安定させる

人前に立ったときに、足の震えが止まらなければ、体の重心が安定する位置に左右の足を固定します。

女性の場合は、左右の足を真横にそろえて直立すると、体の重心が安定しません。そこで、右足と左足を前後にずらして立ってみてください。右足の土踏まず（足の裏中央のくぼんでいる部分）の側面に、左足の親指あたりをつけるように立つのです

(もちろん左右の足が逆でもいいでしょう)。そうすれば、前後に体重を分散でき、震えが抑えられます。一度やってみると、重心が安定することがわかるでしょう。

男性の場合は、前後というのは、すこし決まりが悪いと感じる人もいるかもしれません。両足のかかとを閉じて、つま先をすこし広げて立ちましょう。そうすれば、左右のつま先に体重を分散でき、体の重心が安定します。それでも震えてしまう場合は、肩幅ぐらいに両足を開くのがおすすめです。あまり広げすぎると見栄えがよくないので気をつけましょう。

紙を持つ手が震えるときには「バインダー」を持つ

手が震えてしまうときは、手を組むようにしましょう。右手の指を、左手で包むようにして安定させましょう。それでも震えてしまうときには、手首から手の甲のところを持つと安定します。机や演台が目の前にあれば、そこに手を軽く置いて固定してみてください。

紙を手に持って話すときは、手が震えているとパタパタと小刻みにゆれてしまいます。緊張している様子は人には見せたくないという人も多いでしょう。

そんな人には、「硬めのバインダー」を持つのがおすすめです。**硬さと厚さのあるバインダーに紙をはさんで持てば、よほど大きな震えでないかぎり、ゆれません。**

私も先日、緊張して手が震えてしまっていたのですが、このバインダーを用意していたおかげで、無事に乗り越えることができました。

バインダーを持っている様子をあまり見せたくない場面は、はがきや名刺サイズのすこし厚い紙を持つのがおすすめです。

このように「手足が震えてしまった場合には『固定』する」という方法を知っておけば、いざというときに冷静に対処できます。ここで紹介した方法は、シンプルながらとても効果的なので、ぜひ試してみてください。

Check!

重心を安定させれば、震えは落ち着く

\ Tips /
5

知っているようで知らない「マイク」の使い方

マイクを持つと緊張してしまうという人も少なくありません。マイクを使うのは、カラオケに行ったときぐらいという人も多いでしょうから無理もないことです。

ここでは、気をつけたいポイントをいくつか紹介しましょう。

お辞儀するときの立ち位置に注意

まず、気をつけたいのはお辞儀をしたときに、マイクに頭をぶつけないようにすることです。**お辞儀するときには、マイクから一歩下がったところに立つ**ようにしましょう。

マイクの正面に立って、斜めに浅く頭を下げてしまう人もいます。これでは、見た目がよくありません。マイクに額をぶつけて笑われてしまうようなことがあれば、よけいに緊張してしまうかもしれません。

そんなことがないように、マイクから一歩離れて立って、お辞儀をしてから、一歩前に進んでマイクの前に立ち、「ただいまご紹介に預かりました渡辺です」と話し出すようにしましょう。**マイクと口元の距離は握りこぶしひとつぶんが理想**です。近すぎてもブレス音（呼吸の音）を拾ってしまいますので、注意しましょう。

それから、自分の順番の前に別の人が話した場合、スタンドマイクの高さや向きを調整します。できれば事前に調整の仕方を確認しておきましょう。マイクのトップがまっすぐに自分の口元に向くように位置を固定するのがおすすめです。

スタンドマイクは外して使うのがおすすめ

状況がゆるすなら、スタンドからマイクを外して使うようにしましょう。

スタンドマイクだと、マイクの握りこぶしひとつぶんぐらいのところから、顔を動かせません。これでは、目線と顔の向き、ジェスチャーをうまく使えなくなってしまいます。

その点、マイクを手に持てば、顔も手も自由に動かせますし、ワイヤレスマイクであれば演台の上を歩けます。さらに、演台から下りて、聞いている人にマイクを向けることもできます。

マイクの握り方については、**マイクは、５本の指できちんと握りこむ**ようにしましょう。ロック歌手のように、親指・人差し指・中指の３本の指でマイクを握る人がいるのですが、ビジネスシーンではかっこいいものではありません。

緊張しているときには、マイクを持つ手が震えてしまうこともあります。

女性の場合、左手に右手を重ねて（左右逆でもかまいません）、両手でマイクを持つようにすれば、震えがとまりますし、見た目も自然です。男性の場合は、ひじを片方の手で固定すると震えが抑えられます。できれば、演台に隠すなど、見えないように固定できるとよいでしょう。

「ハウリング」と「時間差」に気をつける

気をつけたいのは、話し始めの「ハウリング」です。マイクがキーンと鳴ることを

「ハウリング」と呼びます。ハウリングが起こっても、落ち着いて対処しましょう。すこし待てば、ハウリングがなくなることもありますし、スタッフが調整してくれることもあります。

それから、マイクを使って話すときには、「時間差」を意識してください。マイクを使うと、自分が発した言葉がスピーカーを介して流れてくるので、わずかな時間差が生まれます。あまり早口で話すと、聞き手には、言葉が重なって聞こえてきてなにを言っているのか聞きとれなくなってしまいます。

そのときには、その時間差が生まれるぶん、ゆっくり話すように心がけましょう。87ページで紹介した、「、」で1拍、「。」で2拍で間をとると、聞きとりやすくなります。

Check!

マイクも「使い方の基本」を知っていれば怖くない

\ Tips /
6

自分の話す姿を「スマホで録画」してリハーサル

ここまで、表情や発音の仕方、立ち居振る舞いなどについて、説明してきました。これらがきちんとできているかを自分でチェックするのは難しいものです。そこでおすすめしたいのが、**ビデオカメラやスマホで自分の姿を録画するリハーサルをして、客観的にチェックする**ことです。

リハーサルのタイミングは、面接やプレゼン、講演・セミナー、披露宴など、本番が大きなものであれば、最低1週間前がおすすめです。ポイントは、課題を見つけたときに修正できるゆとりを持ってリハーサルすることです。

「登場する場面」からリハーサルする

私がおすすめしたいのは、まずは登場から練習することです。

紹介（指名）される、立ち上がって演台に向かって歩く、演台に立つ、お辞儀をする、あいさつをする、しゃべり始める、終わりのあいさつをする、お辞儀をする、演台から下りるという一連の流れを撮影しましょう。

話しているところだけ撮るのでは十分とはいえません。話し始める前から、話し終わって席に戻るまでが一連の流れだからです。

とくにチェックしてほしいのは、「話し始める前」と「話し終わったあと」です。多くの人が話の内容に意識が向いてしまうのですが、「話し始める前」から一挙手一投足が見られていますし、「話し終わったあと」も、どのように退場するかまで注目されているものなのです。

聞き手は、その一連の流れを見ているのですから、そこでの印象も話の内容の印象にかかわってくるものなのです。

「話し始め」のチェックポイント

まず指名されてから、演台に立つまでのチェックポイントです。

□指名されたときに返事をできているか？
□身だしなみはきちんとしているか？　スーツのボタンを正しくとめているか？
□席から立って、周囲に一礼できているか？
□立ち上がって演台に出る前に、椅子をきちんとしまっているか？
□演台に向かって歩くときに背筋は曲がっていないか？　目線は下がっていないか？

こうした一連の流れを「ストローク」といいます。このストロークが美しい人は、話の内容もすばらしい傾向にあります。

「話し終わり」のチェックポイント

「終わりよければ、すべてよし」という言葉があります。

話し終わると、緊張から解放されてホッとするのか、小走りで頭をペコペコしながら壇上から下がっていく人がいます。これでは、いくらよい話をしていたとしても、去り際がかっこ悪く見えてしまってもったいないといえます。

つぎのポイントを確認しましょう。

□「ご清聴ありがとうございました」を聞き手の顔を見ながら言えているか？
□お辞儀をして、顔を上げたあと、聞き手に笑顔でアイコンタクトしているか？
□演台から下がるときに、小走りになっていないか、前を見て堂々と歩いているか？

「話しているとき」のチェックポイント

このときには、**全体を映す「引きの画」と上半身をアップした「寄りの画」を撮影するようにしましょう**。

話の内容は、第1章から第3章で紹介したポイントで振り返ってみてください。人が話すときには、言葉の内容だけではなく、すべての視覚的情報を発信しています。

まずは、見た目をチェックしましょう。

□ 姿勢よく立っているか？（135ページ）
□ 表情、とくに笑顔で話せているか？（128ページ）
□ マイクはきちんと握りこめているか？（143ページ）

それから、話し方の部分も確認しましょう。

□ きちんと発音できているか？（122ページ）
□ 間をとってゆっくり話しているか？（87ページ）
□ 語尾が伸びたり、ひげ言葉が多すぎないか？（91ページ）

これらのチェックポイントで改善点を見つけたら、練習してから、再度録画してみましょう。ここまで念入りに準備できれば、あとは本番で力を発揮するだけです。

"Check!"

録画してさらにブラッシュアップしよう

\ Tips /

7

本番前日の夜から当日の朝までの準備

だれにとっても、本番前日から当日の本番までが一番緊張する時間でしょう。その一番緊張する時間も乗り切り方を知っていると、すこし気持ちがラクになります。

ここでは、前日の夜から当日の過ごし方を確認しておきましょう。

寝る前に忘れ物がないか持ち物をチェックする

緊張してしまうと、思わぬ忘れ物をすることがあります。

まず、寝る前に忘れ物がないように、必要な持ち物をカバンに入れておくようにしましょう。当日忘れ物をすると、焦って集中できなくなってしまうことになるので、前日の夜のうちにチェックしましょう。

ふだんから忘れ物の多い人や不安な人は、「持ち物のチェックリスト」をつくって

おくのもいいでしょう。

とくに気をつけたいのは、「名刺」です。前日のスーツジャケットの内ポケットに入れたままだったということのないように、しっかり確認しておきましょう。

それから、パソコンなどのデジタル機器を使って話すときには、バッテリーが十分か、動作に不具合がないかなども念入りに確認しておいてください。

夜寝つけないときにはベッドで成功イメージを描く

人によっては、緊張して前日の夜にあまり眠れないこともあるでしょう。

このときに、下手に電気をつけたり、本を読んだりしてしまうと、完全に目が覚めてしまいます。すると、翌朝に「昨日寝られなかった」と思って、ますます緊張してしまうことにもなりかねません。でも、安心してください。**専門家によれば、明かりをつけずに、ベッドで横になって目を閉じているだけでも体そのものは十分休まる**そうです。

そして、体を横たえたまま、翌日の話す場面で成功したイメージを頭のなかに描きます。**もうここまできたら、「もし、○○だったらどうしよう」と不安なことを考え**

るよりは、「やれるだけの準備をやってきた」とこれまでの準備を思い出すのがいいでしょう。こうしたときにも、「準備」は心のよりどころになるのです。

食事は炭水化物を中心に食べる

朝は食欲がわかないという人もいるかと思いますが、食事をかならずとるようにしましょう。栄養の専門家によれば、寝ているあいだに脳のブドウ糖が空っぽになるそうです。ブドウ糖は脳の働きを促進するものです。ブドウ糖が不足している状態では、最高のパフォーマンスを発揮できません。

ブドウ糖を補うためには、炭水化物が欠かせません。お米やパン、うどんなどを食べて、脳にブドウ糖が行き渡るようにしましょう。**朝食にかぎらず、空腹のまま本番に挑むのは、栄養学的には好ましくなく、ブドウ糖を摂取するのがよい**ようです。

なかには、緊張で胃が痛くなるなどで食欲がわかない人もいるでしょう。私もそうなので、よくわかります。だとしても、なにも食べないのはよくありません。

管理栄養士によれば、消化のよさという点では「おかゆ」がいいそうです。おかゆがすぐに用意できないときには白ごはんがよいとのことでした。

私は、それすら食べられない場合には、ゼリー飲料を食事の代わりにします。

大切なポイントだけでも「リハーサル」する

時間がゆるす場合は、話の大切なポイントをリハーサルしてもいいでしょう。このさいには事前に「ラ行の発音練習（124ページ参照）」をしましょう。すると、舌の動きがいい状態でリハーサルできるので、よいイメージを残すことができます。

家や会社を出るときには、本番の30分前には会場あるいは会場付近に着くようにしましょう。交通機関の遅延や、万が一のときにも余裕を持って対応できます。

出る前に、あらためて忘れ物がないかチェックしましょう。とくに、スマホや名刺、重要な資料などは、きちんと一式そろっているか確認してください。

"Check!"

本番前には炭水化物を食べてブドウ糖をとる

\ Tips /

8

本番で力を発揮するための直前準備

会場に着いてから本番までのあいだの過ごし方で大切なのは、緊張しながらも、本番で力を発揮できるような環境を自分でつくることです。また、自分に合ったリラックス法も何度か経験を積み重ねるなかで探していきましょう。

関係者にあいさつをしておくと気がラクになる

会場についたら、事前に関係者やスタッフにあいさつをするのがおすすめです。緊張で自分がカチンコチンに固まっていると、聞き手のほうにもその緊張が伝わってしまいます。事前に関係者のところに顔を出して、「はじめまして、こんにちは！」などと簡単にあいさつをして、「のちほどまた参ります」というような話をしながら、空気を和らげておくと、自分もリラックスして本番に入りやすくなります。

私がある商工会議所へセミナーに行ったときに、会頭にあいさつすると、「今日はありがとうございます。じつは私、講演のタイトルとか内容じゃなくて、先生の写真で選んだんです」と、ちゃめっ気たっぷりの表情でジョークを言ってくれました。

そのときのテーマは、「お客様の心を引きつけるコミュニケーション」だったのですが、「私の話が経営者のみなさんの役にまったく立たなかったらどうしよう」と、不安に思っていたのです。

熟達した経営者である会頭は緊張している様子の私を見て、ウィットに富んだコメントで、リラックスさせてくれたのだと思います。実際、肩の荷がすこし軽くなり、気がラクになって、セミナーに臨むことができました。

自分なりのリラックス法を見つけておく

関係者やスタッフにあいさつをしたら、自分をリラックスさせるようにしましょう。

アナウンサーの本番前の過ごし方は、人それぞれです。壁に向かって発声練習をする人もいれば、スタッフや関係者と談笑してリラックスする人もいます。資料を最終チェックする人もいれば、目をつむって集中力を高める人もいます。また、ストレッチをして体をほぐしている人もいます。

直前のリラックス法は、人それぞれですから、自分に合ったものを見つけておくようにしましょう。

私の場合は、好きな香りをかぐと、かなり気持ちが落ち着きます。仕事のさいには京都の香老舗 松栄堂というお店のにおい袋を持ち歩くようにしています。このにおい袋の、和風の香りをかぐとリラックスできるのです。もちろん、ラベンダーやローズなどのハーブやお花の香りが落ち着くという人は、そうしたものもよいでしょう。

化粧室で「身だしなみ」をチェックする

本番が近づいてきたら、最後に化粧室に行って、身だしなみをチェックします。

□ 服装のチェック

- ネクタイ、シャツ、ブラウスなどはゆがんでいないか?

- 靴は汚れていないか？
- 髪型・メイクの直し

□ **表情のチェック**
- 口角が上がった「ウェルカムの表情」ができているか？（128ページ）

□ **発声練習**
- ラ行の発声練習を30秒間する。大きな声を出せない環境が多いと思いますので、息声で「ラレリルレロラロ」と練習するだけでも十分です。大切なのは、舌を動かすことです（122ページ）。

ここまで準備が整っていれば、完璧です。自信を持って本番に臨みましょう！

"Check!"

実力を発揮できるように最終準備をしよう

COLUMN

「発音」と「抑揚」は声が小さい人の味方

声の小さな人が声を大きくすることは、なかなか難しいものです。声の大きさは、性格もたぶんに影響するからです。

そこで声が小さい人におすすめしたいのが、「声を大きくする」ことよりも、「発音」を意識して、聞きとりやすい言葉を話すことです。

日本語は、「ン」の音をのぞくすべての音が子音＋母音でできています。母音のアイウエオの口の形をしっかりつくって話すと、聞きとりやすい発音になります。

「ア」は縦に指２本分ぐらい、「イ」は軽く横に引く、「ウ」は唇を中央に寄せる、「エ」は「ア」と「イ」の中間ぐらい、「オ」は左右のほほがすこし伸びるように発音します。

この母音の形を一語一語ていねいにつくって話す練習をしてみてください。そうすれば、相手が聞きとりやすい音で話せるようになるでしょう。

また、抑揚を出すことも大切です。たとえば、「おはようございます」という音を「ドミミミミミミミド」の音程で話すのではなく、「ドソソソソソソド」ぐらい音域の幅を大きくつけて話します。そうすると、遠くの人も聞きとりやすい話し方になります。

「発音力」と「抑揚」は声の小さい人の味方です。ぜひ、試してみてください。

第5章

実践！「日常シーン別」話し方のポイント

\ Tips /
1

初対面

初対面の人と話すことが苦手な人は多いでしょう。相手がどんな人かよくわからないのですから、「なにを話せばいいのか」と緊張してしまうのも無理はありません。初対面でもやはり「準備」が必要です。事前にできるだけ、相手のことを調べて、共通の話題を用意しておきましょう。

■相手のことを事前に調べておく

先日、ある化学製品メーカーに、研修内容の打ち合わせで初めて訪問する機会がありました。

化学製品といっても、どんなものか私にはよくわかりませんでした。

その会社のホームページによれば、宇宙ロケットの開発にもかかわっているとのことでしたが、私の日常生活とはかけ離れていて、どういうものかよくイメージできません。

ホームページをよく見てみると、シャンプーやリンスの主成分となる「界面活性剤」をつくっていることがわかりました。これなら、私でも話せそうな話題です。

こうして、自分でも話せる「共通の話題」を見つけ、話題として仕込んでから、初対面の場に臨みました。

訪問先の担当者と名刺交換をしたあと、「御社の界面活性剤のおかげで、シャンプーやリンスを毎日使えるんですね」と水を向けると、「お調べいただいたんですね。ありがとうございます。○○は、弊社の界面活性剤を使っているんですよ」と、相手がこちらの気持ちを受けとめてくれて、話にプラスのひと言を乗せて返してくれました。

最初にこうした話ができたおかげで、担当者との距離が縮まって、話しやすい雰囲気になり、本題の研修の打ち合わせも円滑に進みました。

このように、**「共通の話題」を用意しておけば、その場を温めることができ、初対面の人とでも気持ちよく話をすることができます。**

なかには用意した話題がいまひとつ盛り上がらないこともあります。そんなときには雑談で無理に盛り上げようとする必要はありません。仕事でだれかと会うときには、目的があるはずですから、雑談を切り上げて本題に入ればいいでしょう。

目に映っているものを話題にする

仕事以外の初対面のシーンで、共通の話題を用意できないときや見つけづらいときには、目に映っているものを話題にするのがおすすめです。

たとえば、飲食店で初めて会うなら、「ステキな雰囲気のお店ですね」などと、お互いに目に見えるものを話題にしてみましょう。「こちらのお店はよくいらっしゃるんですか？」などと聞いてみると話が広がることがあります。

もし、相手の口数が少なければ、積極的に話すのが苦手な人かもしれません。質問してなにかを聞き出すよりも、こちらから話題を積極的に出すことも効果的です。

「先日、釣りに行きまして」と話すと、「私も釣りが趣味なんです」と意気投合して、釣りに一緒に行こうという話になることもあります。

「うちの娘が今度高校受験で……」などと話すと、「そうなんですね、うちの息子もじつは……」などと共通の話題が見つけられることもあります。

このように、自分から話したほうが相手も話しやすくなります。心理学では、**外見ではわからない自分のことを相手に伝えることを「自己開示」**といいます。

相手のことをよく知らなくて緊張するのはお互いさまですから、こちらから自己開示すれば、共通点も見つけやすくなり、相手も話しやすくなります。

このように、初対面のときには、「共通の話題」を事前に用意することやその場で見つけることを心がけましょう。それができれば、そのあとの話が盛り上がりやすくなります。事前に準備しておくだけでも、ずいぶん気が軽くなりますから、ぜひ試してみてください。

Check!

「共通の話題」を用意しておくと気が軽くなる

\ Tips /

2

自己紹介

会議でのプレゼンや堅い内容の講演会・講習会など、話し手も聞き手も緊張した雰囲気からなかなか解放されない場面があります。その場の空気が硬いと、話し手はますます緊張してしまいます。そんな状況から脱出するのにおすすめなのが、自己紹介で話し手と聞き手の心の距離を縮めることです。

「自己開示」で心の距離を縮める

研修に入る前に私は研修とは関係のない、プライベートな話をかならずします。

「本日、研修を担当しますのは、週に2回社交ダンスの練習をしてアンチエイジングに努めている渡辺由佳です」

これは、前項でも紹介した**「自己開示」といわれるもので、外見から見てわからな**

いことを言葉で伝えることによって聞き手との心の距離を縮めるテクニックです。

この自己開示は、「趣味、年齢、出身地、家族構成、血液型」などなんでもかまいません。外見からわからないことを聞かされると相手に対して親しみを覚え、その人の話に興味を持てるようになります。もし、出身地や、血液型などが一致していた場合、心の距離はぐっと近づき、その場の空気も和らぎます。

聞き手にも「自己開示」してもらう

研修や講習会などでもし時間がゆるされるならば、聞き手にも自己開示をしてもらうとさらに空気が和らぎます。

先日の研修でも、「30秒ぐらいで担当のお仕事と趣味をおひとりずつお話しください」と伝えて、自己開示をしてもらいました。

すると、

「今は、仕事と3歳の子どもの育児に追われていて、趣味は育児です」という30代の男性が7名の受講者のうち3人もいてびっくりしました。

「趣味は海外旅行です。毎月行っています。明日から有休をとって台湾に行ってきます！」という20代の女性の受講者もいました。

ほんのすこし自己開示をしてもらうだけで、その会社の人たちがどんな働き方をしているのかが見えてきて、研修を進めるうえでもとても参考になります。また、私と受講者の心の距離が縮まるだけでなく、受講者同士の心の距離も縮まってその場の空気も和らぎます。そこから受講者同士のコミュニケーションもとりやすくなります。

心の距離を縮める自己開示は、緊張した空気を和ませるばかりでなく、コミュニケーションを円滑にして、研修やプレゼンテーションの内容が聞き手の心に届きやすくなる効果があります。ぜひ、試してみてください。

Check!

「自己開示」で聞き手との心の距離を縮める

\ Tips /
3

電話

新入社員研修の講師を任されたとき、担当者から「電話だけでもとれるように指導してほしい」とよく頼まれます。SNSの発達で、電話でのコミュニケーションの機会が減り、電話応対に自信がない人が増えています。うまく電話応対しなければならないと考えると、プレッシャーを感じてしまうようです。

なぜ、電話応対が苦手だと感じるのでしょうか。その理由と解決方法を探ってみましょう。

「基本フレーズ」を活用する

いまでこそ、私は電話応対の研修もしていますが、私自身、テレビ朝日の新人アナウンサーだったとき、アナウンス部で電話が鳴るたびに緊張してドキッとしていました。

新人アナウンサーには、午前中は研修を受けて、午後からはアナウンス部の電話番をするという時期があります。電話の受信ランプが光った瞬間に、同期の男性アナウンサーと、「さっきとったから」「今度は私がとるから」と目配せしていたのをいまも覚えています。

なぜ、苦手だったかというと、「(アナウンサーだから)敬語を間違えたくない」「噛みたくない」と思っていたからです。しかも、アナウンサーとして正しい言葉を流暢に話す上司や先輩の目もあり、プレッシャーを感じてよけいに緊張していたのです。

「敬語に自信がない」という人は、基本フレーズを覚えましょう。

電話をとったら、「お世話になっております。○○社の渡辺でございます。部長の□□でございますね。少々お待ちくださいませ」と答えます。

この文章のメモを手元に用意しておいて、電話に出たときに読み上げてください。それを何度か繰り返すうちに、いずれメモを見なくても言えるようになるはずです。

ほかにも、「相手の言葉を聞きとれないときに、聞き返すと気まずいから」という理由があるかもしれません。そう感じている人は、どのような基本フレーズを使えばいいのでしょうか。

「お電話が遠いようなのですが」というフレーズを使う人がいますが、この言い方はあまりおすすめしません。それを聞いた相手が「自分の話し方が悪いと言われているようだ」と不快に感じる可能性があるからです。

そう思われないように、「恐れ入りますが、◯◯をもう一度伺ってもよろしいでしょうか？」とストレートにお詫びの基本フレーズを言いましょう。そうすれば、相手に誤解されずに済みます。

答えられない質問に、いい加減な対応はしない

「知らないことや答えられないことを聞かれないか、不安」という人もいるでしょう。

会社では、さまざまな人がさまざまな仕事をしているのですから、そのすべてに答えられるはずがありません。知ったかぶりをして答えてしまうと、かえって迷惑になったり、トラブルにつながったりしてしまいます。

電話応対で、大切なのは、答えられないことを聞かれたときに、スピーディに電話

を取り次ぐことです。

自分の部署宛てにかかってきた電話で、わからないことを質問されたときは、「折り返しお電話させていただきます」と言って電話を切り、内容を調べてから電話をかけ直します。または、それがわかる担当者に電話をつなぎましょう。

担当者に電話をつなぐのであれば、質問内容をしっかりと聞いてから、それを担当者に伝えてください。そうしないと、電話先の人が担当者にまた一から説明しなければいけないからです。

なお、内容が専門的でまったく理解できないようであれば、「たいへん恐れ入ります。その件につきまして、くわしい担当者に代わらせていただきます」と断ってから、自分が理解できた範囲までを担当者に伝えることです。そうすれば電話先の人は、よけいな説明をする必要がありません。

たとえば、ほかの部署で担当している商品についての問い合わせの電話がありました。

そのとき、「それでしたら担当が違うので、こちらではわかりません」とぶっきらぼうに答える人がいます。それは、「仕事を中断されたくない」「ほかの人に早く電話を任せたい」という気持ちの表れかもしれません。しかし、そんな他人事な態度では、電話先の人を不快にさせます。

そうではなく、ていねいに対応することが大切です。たとえば、「たいへん申し訳ございません。こちらではくわしいご案内ができかねるものですから、担当の部署でくわしくご案内をさせていただきます。少々お待ちいただけますでしょうか」と電話口で待たせることを詫びましょう。

電話に出た人が会社の代表者になります。失礼な態度をとれば、それが会社の評判を落とすことに直結するのです。

要点をメモして電話をかける

電話をかけるときは、事前に要点をメモしておきましょう。

たとえば、取引先の担当者に、「打ち合わせの日時」を調整するために電話することになりました。そこで、**電話をかける前に、「相手の名前」「部署名」「用件」などの要点をあらかじめメモ**しておきます。相手の名前は、同じ部署に同じ苗字の人がいる可能性がありますから、フルネームを確認しましょう。そのメモを見ながら電話で話せば、要点が漏れることはありません。

電話とメールを併用することがおすすめです。

たとえば、打ち合わせの日時について電話で知らせたあと、同じ内容をメールでも送ります。そうすれば、「11日（じゅういち）」と「17日（じゅうしち）」などの口頭だと似ている言葉が、間違って伝わることを防げるからです。

うまく電話応対できなければ、電話先の人は「この人とは意思の疎通ができなくて不安だ」と感じます。そうならないようにまずは、電話応対の定形パターンやルールを覚えましょう。それを繰り返し練習して、伝わる話し方が身につけば、電話先の相手は「電話応対がしっかりしている」と思うだけでなく、信頼できる仕事相手として、認めてくれるようになります。

Check!

電話の基本フレーズを覚えることから始めよう

\ Tips /
4

報告

ビジネスパーソンにとっては、報告も重要な仕事のひとつです。営業、出張、講演会、イベントなどさまざまな機会に報告を求められます。

報告の目的は、上司や関係者と情報を共有して、今後の成果につなげることです。この目的を踏まえて「上司が知りたいこと」を報告すれば、上司から「何をやってきたんだ？」と思われたり叱られたりすることもないでしょう。

上司の「どうだった？」は雑談ではない

たとえば、新規取引先の会社に営業に行ったとします。会社に戻ったあと、上司から「どうだった？」と聞かれました。このときになんと答えるでしょうか。

「担当者がイケメン（美人）でした！」と答えたら、上司は「知りたいのは、そこじゃないだろ」と苦笑いするでしょう。

上司が、新規取引先の会社に営業に行った部下の報告から知りたいのは、「取引の可能性があるかどうか」でしょう。

「取引の可能性はありそうです。部長の○○さんに興味を持っていただいて、来週、あらためてプレゼンすることになりました。○○さんが決裁権をお持ちとのことです」

と報告すれば、上司が知りたいことを伝えられます。

そうすれば、プレゼンの具体的な内容、資料のチェック、同行の必要の有無などについて、上司に相談してアドバイスを受けることもできます。

出張で取引先に営業に行ったときも同様です。上司から「どうだった?」と聞かれたときに、「ホテルが温泉つきで最高でした!」と答えれば、「なにしに出張してきたんだ?」と、あきれられてしまいます。

ここでも、「上司が知りたいこと」を報告します。**上司が出張した部下の報告から知りたいのは、「コストに見合う出張の成果があったかどうか」**です。

たとえば、飲料メーカーの営業パーソンなら、

「一番ご報告したい成果は、□□スーパーさんの本部で、△△ケース、○○円ぶん受注できたことです。各店舗の店頭で、新商品を入り口すぐの場所に陳列してもらうことになりました」

と報告すれば、上司は満足するはずです。

このように、上司の「どうだった？」は単なる雑談ではありません。**自分の役割と仕事の目的を意識しながら、上司が知りたいことを報告できるようにしましょう。**

相手が「聞きたい内容」「知りたい内容」を探す

講演会やイベントの詳細を上司に報告する場面もあるでしょう。

会社の代表として講演会に出席したのであれば、その場にいたからこそ見聞きできたことを報告する必要があります。「仕事に役立つこと」や「興味深い（おもしろい）こと」を探しましょう。それを見つけたら、第2章で紹介した「続きが聞きたくなる言葉」を使いながら、聞き手が興味を持つ順番で話していくのです。

講演会で聞いてきた話の内容を上司に報告するとします。そのとき、「講演でのポイントのひとつめは◯◯、2つめは□□……」と講演者が話した順で報告する人がいます。しかし、そのすべてが自社の仕事に役立つとはかぎりません。

そこで、**上司が興味を持ちそうな順番で報告する**のです。たとえば、

「我が社の仕事に生かせる部分は□□だと思います。さらに……」

と話していけば、上司は自社にとって有益な情報を効率よく聞くことができます。

さらに、**「その会場の雰囲気」を伝えることも必要**です。それは上司にとって、報告されるまで想像できないことだからです。

たとえば、

「200人ぐらいの会場でしたが、立ち見がいるほど大盛況で注目の高さを目の当たりにしました」

「男女比は4対6で女性のほうが多かったです」

と話せば、その講演会の雰囲気が伝わります。

このように、営業や講演会など報告が必要になるときには、目的をあらかじめ考えることが大切です。そうすれば、報告すべきポイントを見つけやすくなります。

そして、見てきたことをただ並べるだけでは、意味のある報告にはなりません。相手の知りたいことに応えながら、内容が伝わるように表現を工夫するように心がけましょう。

"Check!"

報告相手の「聞きたい内容」「知りたい内容」を話す

\ Tips /

5

突然の指名

パーティや懇親会、飲み会の席で突然指名されて、うまく話すことができず、あとから「ああ言えばよかった」と後悔したことがある人もいるかと思います。突然の指名にもかかわらず、うまく話をまとめることができる人はなにが違うのでしょうか。じつは、突然の指名に向けて、しっかり準備しているのです。

突然の指名に備えてその場の様子を観察する

一番大切なのは、「突然の指名」を予感して準備をすることです。

私も「元アナウンサー」という肩書を背負って仕事をする以上、会議やパーティでひと言も発言せずに帰らせてもらえることはほぼありません。

ですから、「いま、ここで指名をされたら、なんの話をするか」をつねに頭のなかでぐるぐる考え続けています。

スピーチの内容を考えるときに大切なのは、まずパーティや飲み会の様子をよく観察することです。それまでにだれがどんな発言をして、まわりがどのような反応をしたのか。そこにヒントがあります。

ある研修会社の創立記念パーティでのことです。突然、ひと言と指名されました。

「突然のご指名をいただきました、フリーアナウンサーの渡辺由佳です。さきほど、BさんがAさん（パーティの主催者）のおかげで今日がありますとおっしゃっていましたが、私が今日、企業の研修講師として仕事ができていますのも、Aさんのおかげです。私が子育てに追われてほとんど仕事をしていないときに、『渡辺さんのようなキャリアを持つ人がなぜ社会貢献をしないのですか！』とAさんに喝を入れていただいたおかげで、『仕事をしなくては！』と目覚めることができたんです。Aさん、いつも感謝しています！」

私の前にスピーチしていたBさんの内容を受け、さらに「私だけにしか披露できないエピソード」をくわえました。そして、もちろんそのエピソードのなかでパーティの主催者を立てます。それによって、その場にふさわしいひと言になります。

短くてキレのあるスピーチが歓迎される

会社の懇親会や飲み会などでも同じです。

「部長、なにかひと言をお願いします」などと指名された人が、「えー、突然だから、なにも考えていないよー」などと言っていては、スマートではありません。なにも考えていなかったからといって、本当に思いつくままにダラダラ話していては、部下たちはがっかりしてしまいます。

そんなとき、気の利いたひと言を言うためには、どうすればいいのでしょうか。

予定にはなかった、「ちょっとひと言」ですから、あまり長々と話しても間延びしてしまいます。その会の時間もかぎられていますので、なるべく短くスマートにまとめたいものです。たとえば、飲み会の席のお開き近くで突然指名をされた上司であれば、つぎのような長さで十分です。

「では、本当にひと言だけ。オフィスを離れてみんなと話をするのは、楽しいですね。さっき、Cくんから○○の話を聞いて、みんなのがんばりがこの部署と会社を支えているんだとあらためて実感しました。また明日から、がんばりましょう！　そして今日の会の幹事をしてくれたDくんに大きな拍手を」

このように、**突然の指名でのひと言は、短ければ短いほどキレが増す**ものです。30秒以内、長くても1分以内にまとめて話せば、スマートな印象を与えます。さらに幹事へのねぎらいの言葉を添えれば、周囲は「さすが」と思うでしょう。

こうした話ができるのは、「もし、指名されたら何を話そうか」と常に考えて準備しているからです。そうすれば、いきなり指名されても言葉につまることはありません。あたふたすることなく、余裕を持って話すことができるでしょう。

Check!

いつ指名されてもいいように準備しておく

\ Tips /
6

会議

会議で発言するときに緊張するという人は少なくありません。

せっかく指名されたときにも、しどろもどろになってしまうと、意見を聞いてもらえなかったり、納得してもらえなかったり、チャンスを生かせなくなってしまいます。

そんなとき、どうすればスマートに自分の意見を伝えられるのでしょうか。

1分以内で「経験」や「事実」を話す

会議で意見を発表することが苦手な理由として、「本題や議論の流れとズレていないかが気になるから」ということがあるようです。

会議の議論の流れのなかで発言するコツは、**ほかの出席者の発言をよく聞いて、「自分の経験」や「知っている事実」を付けくわえながら話す**ことです。

たとえば、「私が関わったプロジェクトでは○○の失敗があったので、□□に問題が生じる可能性があります」と自分の経験を具体的に話すことで、それを聞いた人はイメージしやすくなるでしょう。

ほかの出席者の意見に反対でなければ、よい点をほめてあと押ししたり、「○○についてよくわからなかったので教えてほしい」と質問したりすることもできます。そうすれば、発言しやすくなるのです。

なお、**自分の意見は1分以内（できれば30秒以内）にまとめてから話す**ように心がけましょう。長い話は聞き手を飽きさせますし、ほかの人が意見を言う時間を奪い、会議の流れを妨げてしまうこともあります。短く話せば、「この人の発言は聞きやすい」と参加者は耳を傾けてくれるはずです。

「賛成」「反対」を示さずに建設的に議論する方法

ほかの参加者の意見に対して、自分の考えを「賛成」「反対」という言葉ではっきり示すのが苦手な人もいるでしょう。敵と味方に分かれるようで、角が立たないか気になります。そんなときは、どうしたらいいのでしょうか。

そのときには、**「具体的な内容」について質問する**ようにしましょう。ほかの参加者の意見に反対のときには、その理由となるポイントについて質問してみるのです。「コストが予算オーバーしそうです。その点についてはいかがお考えでしょうか？」という言い方ができます。

このように、**具体的な内容にしぼって質問すれば、「賛成」「反対」をはっきり示さなくても、建設的に議論をするきっかけをつくれます。**

さらに、自分の専門分野・得意分野から指摘すると、なおいいでしょう。

たとえば、マーケティングが専門の人は、「先ほどのお話では、雑誌をおもに使うお話でした。しかし、マーケティングの観点からすればSNSを媒体にしたほうが女性には浸透しやすいという結果が出ています。SNSに掲載する施策について議論するのはいかがでしょうか」といった要領です。

こうすれば、自分の立場をしっかりとアピールしながら、「賛成」「反対」という言葉を使わずに発言できます。

それでも、「賛成か、反対か？」を迫られるかもしれません。

そんなときは、「どちらかと言えば、こちらのほうが進めやすいのではないかと思います」「この点において難しいところがあるかと思います」とさらに具体的なポイントを示しながら話してください。その意見を聞いた人は「この人は反対の立場なのだ」と感じとってくれるはずです。

このように言い方を工夫すれば、敵・味方に分かれることなく、議論が進むでしょう。

緊張しながら会議に出席しているとき、まずは「会議が苦手な理由」を考えてみてください。その理由に合わせた方法を使えば、参加者に伝わる発言ができます。

Check!

人の意見を聞きつつ、経験や事実を具体的に話そう

COLUMN

「感謝」を伝えれば緊張も和らぐ

私は、いつもだれかと会うときには、その人に感謝の気持ちを伝えるようにしています。そのときに、できるだけ具体的に言葉を尽くすように心がけています。

「ありがとう」を伝えられる場面は多くあるものです。ご連絡をいただいたこと、時間をとっていただいたこと、その場所まできていただいたこと、以前お世話になったこと、話す機会をいただいたことなど、すこし考えてみればすぐ見つかるものです。

たとえば、何度か通っている会社であれば、担当者の上司にもあいさつをするようにしています。それは、私の見えないところで、その上司にお世話になっているかもしれないからです。

そういうときに、「担当の○○さんには、本当にお力をよく貸していただいて」と担当者にも感謝の気持ちを表現しつつ、あいさつするようにしています。

そのときにも、できるだけ具体的に話すように心がけます。「いろいろお世話になっていまして」ではなく、「○○の件でお世話になりまして、ありがとうございます」と伝えます。そのあとに感想やエピソードなどを具体的に話します。

感謝の気持ちを伝えれば、相手も笑顔になり、場の空気がよくなりますから、緊張も和らぎますし、気持ちよくコミュニケーションがとれます。

ですから、とくに緊張する場面の前には、「なにか感謝を伝えることはないか？」を探すようにしましょう。これは「テクニック」というよりは、私自身が人との関係性を育むときに大切にしている「作法」のようなものです。ある意味、職業病ともいえるかもしれませんが、礼を尽くす人でありたいといつも考えています。

第6章

実践！
「特別シーン別」話し方のポイント

\ Tips /
1

結婚披露宴

結婚披露宴は、新郎新婦にとって人生の晴れ舞台です。式によっては、何百人もの来賓が集まります。そこでスピーチを頼まれたとき、「印象に残るスピーチを話さなければいけない」とプレッシャーを感じるかもしれません。

友人であれ、主賓であれ、来賓が披露宴で聞きたいのは、新郎新婦らしさが伝わるエピソードです。ステキなエピソードを話して、その場を盛り上げましょう。

来賓の目を気にせずに「場」を盛り上げる

結婚披露宴の主役は新郎新婦です。スピーチの目的は、新郎新婦とその親族にお祝いの気持ちを伝えることであって、自分を売りこむために話すわけではありません。

それに、来賓は新郎新婦をお祝いするために出席しているわけで、スピーチする人が緊張しているかどうかは、あまり気にしていないのです。

ですから、**「私は引き立て役」と思ってマイクの前に立ち、たどたどしくてもいいので、新郎新婦のすばらしい人柄の伝わるエピソードを話す**ようにしましょう。そのほうが、来賓は「聞いていて楽しい」と感じるはずです。

スピーチを始めるときは、「本日はとっておきのエピソードをお話しします」「私と○○ちゃんしか知らないお話をご披露します」とイントロダクションでしっかりとアピールをして、来賓の気持ちをつかんでください。そうすれば、来賓は「私たちの知らないことってなに？」と興味をそそられます。このようにして注目を集めなければ、どれほどよいスピーチを準備しても、聞いてもらえないかもしれません。

また、**スピーチするときには、「来賓の反応」を気にしすぎないようにしましょう。**

たとえば、知的な人だと思われたいと考え、「夫婦とは、連理の枝、比翼の鳥にたとえられるように……」などと自分の教養をアピールしつつ、当たり障りのない話をする人がいます。しかし、それでは話に興味を持ってもらうことはできません。そうならないように、「披露宴の場を盛り上げたい」という気持ちでスピーチするのです。

場を盛り上げるためには、「笑いをとりたい」と考える人もいるでしょう。しかし**笑いはねらってとれるものではない**ことを私は何度も経験しました。

友人がＩＴ企業に勤める新郎と結婚することになり、私は友人代表のスピーチを頼まれました。そこで、新婦が学生時代の卒業文集に「ロボットを製作するような人と結婚したい」と将来の夢を書いていたことを話したのです。すると、その言葉に新郎側の会社の人たちが反応して、どっと笑いが起こりました。私はそこで笑いをとるつもりがなかったので、「そこが笑いのツボなの？」と驚いたことを覚えています。

このように、人それぞれ感性は違いますから、自分では予想していなかったところで笑いが起こることもあるのです。

こうした**来賓の反応を気にすることよりも、新郎新婦のすばらしい人柄が伝わるエピソードを話すことに全力を注ぎましょう**。そのために、まずは来賓が聞きたがっているエピソードを考えてみてください。来賓は新郎新婦の人となりや、新郎新婦が結婚に至るまでの話を聞きたがっているはずです。
ですから、「彼は昔から行動力があって、みんなを引っ張るクラスのリーダー的な存在でした。部活動のバスケでも……」といった学生時代はどういう存在だったのかを話すことができます。

また、新郎新婦の馴れ初めやプロポーズについて話すこともできるでしょう。たとえば、「お2人は3年前に趣味のイベントで知り合いました。初めて会ったときから、お互いに気になる存在だったようで……」と2人の仲が深まっていったエピソードや、「付き合って2回めのクリスマスに、横浜でプロポーズしたそうです」とプロポーズのシチュエーションなどを話すことで、会場の雰囲気を盛り上げられるはずです。

このような新郎新婦の人柄や馴れ初めなどがわかるスピーチは、だれでも集中して聞きたくなります。

「下げて持ち上げる」は場の空気を悪くする

また、主役のよいところは、話をどんどんふくらませましょう。

たとえば、部下の結婚式のスピーチで、「こいつ、見てくれはあんまりパッとしないんですけれども……」と新郎のことを下げて話し始める上司がいます。しかし、それを聞いて新郎新婦の親族はどう思うでしょうか？　たとえそのあとに新郎を持ち上げる話が出てきたとしても、出だしのひと言で、その場の空気を悪くしてしまいます。

そのような主役の評価を下げるスピーチをしてはいけません。

たとえ**小さなエピソードでもいいので、新郎新婦のよいところは最大限にふくらませて話しましょう。**

たとえば、営業成績を伸ばしている部下であれば、「彼にはお客様を喜ばせる能力があります。私ではとれなかった契約を彼はとってきました。彼は前途有望でいずれ営業部長になるかもしれません」などと話せるはずです。それを聞いた親族は、「あんなふうに息子を評価してくれて、よい上司に恵まれた」と感謝したくなるでしょう。

話していいか判断に迷うときは新郎新婦に確認を

話してもよいエピソードか判断できないときは、新郎新婦に事前に確認をとります。そうすれば、新郎新婦だけの秘密を話してしまうことはありません。なかには、新郎新婦がOKを出しても、親族がNGを出す場合がありますから、新郎新婦の親族にも確認したほうが安心できるでしょう。

OKが出たエピソードでも、「新郎新婦の許可をいただきましたので、あえて申し上げますと」と前置きしながら話せば、来賓から「こんなことを話して大丈夫なのか？」「常識がない」とは思われないでしょう。

意外と見落としがちなのが、「司会者の原稿と話そうとしたエピソードの内容が重なる」ことです。司会者は新郎新婦のプロフィール紹介のとき、馴れ初めやプロポーズのエピソードを話すことがあります。その内容と同じ話をすれば、ゲストは「さっきも同じ話を聞いたな」と感じるでしょう。

そうならないように、**「こういうエピソードを話したいんだけど、司会者の人と同じ話をすることになりそうかな？」と新郎新婦に確認することをおすすめします。**

本番で「司会者と同じエピソードになった」と気づいた場合に備えて、もうひとつ別のピソードを話せるように用意しておけば、安心して当日を迎えられます。

"Check!"

「祝いの場」を盛り上げるエピソードを話そう

\ Tips /

2

面接

就職や転職の面接では、数分間で「採用したい人材か?」を面接担当者に判断されます。自分をうまくアピールできなければ、会社から選ばれることは難しいでしょう。自己PRを成功させるためには、事前準備と直前準備が欠かせません。

具体的に話せるように念入りに準備する

面接を受けることが決まったら、具体的な自己PRを用意します。そのために、まずは面接を受ける会社について、よく調べましょう。

たとえば、アナウンサー試験では、「好きな番組」「好きなアナウンサー」「志望動機」はかならず聞かれる定番質問です。

「好きな番組は『報道ステーション』です」と話せば、「昨日の放送内容で印象に残っているとを教えてください」と当たり前のように掘り下げて質問されます。

しかし、前日に番組を見て準備しなかった人は、その質問に答えられません。また、どの質問に対しても準備不足のまま、抽象的な答えを話すことになります。それを聞いた面接担当者は、「入社への熱意が伝わってこない」と感じるでしょう。

ですから、**具体的な内容を話せるように、事前準備で「企業研究」と「業界研究」を念入りに行なう**ことが大切です。そうすれば、「その会社を選んだ理由」や「自分が貢献できそうなこと」を明確にできるはずです。


つぎに、それをもとに具体的な答えを用意します。そのとき大切なのは、「面接担当者が求める回答」をイメージすることです。

たとえば、アナウンサーになりたい理由を質問されて、「人前で話すことが苦手なので、アナウンサーになれば話し上手になれると思ったからです」と話す学生がいます。しかし、それではアナウンサー試験で落ちます。人前で話すことが苦手な人を採用したい局は、どこにもないからです。

そうではなく、**「面接担当者が求める人物像」を考えましょう。**たとえば、アナウンサー試験を行なう面接担当者は、「人前で話すことが得意な人」を求めています。

「学生時代は、放送研究会で15分のＤＪ番組に挑戦しました」と話せば、面接担当者は、「この人であれば活躍してくれるかも」とその先の話に興味を持ってくれます。そのことに気づかないまま、無防備な状態で合格できるほど、面接は甘くありません。

転職面接では「前職を辞めた（辞めたい）理由」をよく質問されます。

そのとき、本当の理由が「上司と反りが合わないから」「無理な営業のノルマを課されたから」というネガティブな理由でも、それを本音で話さないことです。それを聞いた面接担当者は、「この人はすぐになんにでも不満を持ってしまいそう」「我慢強さがなさそう」とネガティブな印象を持つからです。

そうではなく、「自分の可能性を試してみたくなった」「もっと幅広い商品を扱ってみたいと思った」とポジティブな理由を話します。ことに**転職ではポジティブな姿勢を全面に打ち出すのはとても重要**です。

面接では自分を丸裸にされる

自己ＰＲを準備するときは、「自分を印象づけるために、面接担当者になにを伝えればいいのか？」を深く考えることが大切です。

就職活動をしていた息子が漏らした言葉に、はっとさせられたことがありました。それは「面接では自分を丸裸にされる」という言葉です。

最近では、面接担当者と学生が1対1で30分から1時間かけて面接が行なわれるケースが増えてきました。それだけ時間をかけて質問されたら、自分を虚飾しようとしても相手にわかってしまいます。ですから、**ありのままの自分をしっかりと自分の言葉で伝えられることが大切**なのです。

また、多くの企業では、「リーダーシップのある人」を求めています。リーダーシップのなかには、たとえばグループワークをしているときに多くの人がある意見に賛同するなかで、ひとりだけでも「自分はこうしたほうがプロジェクトのためになると思う」と自分なりの考えをきちんと伝えられる能力も含まれています。

こうした理由から、**「自分の核」となるものをしっかりと持ったうえで、自分のなかに生まれた思いを言語化していく必要がある**のです。

それにもかかわらず、「学生時代はキャプテンをしていた」などのありきたりな言葉で、自己ＰＲする人が大勢います。それでは、「自分がそのときなにを考えて、自分の気持ちがどう変化したのか」が面接担当者に伝わりません。

そうではなく、自分の気持ちを、自分らしい言葉で、的確に伝えようとしてください。そのとき使える方法が、エピソードを具体的に話すことです。

たとえば、「私はキャプテンとして、声にならない部員の声を聞くために、真夜中まで部員とよく話し合った。その結果、キャプテンとしてもっと部員を信じて、自主性に任せたほうがいいと気づいたこともあった」などと話します。

そういう表現ができる人は面接を勝ち進んでいけるでしょう。

心の準備と身だしなみの確認をする

面接前の直前準備では、心の準備と身だしなみの確認をします。

まず、どのような心の準備が必要なのでしょうか？　それは、「**面接は自分を評価されるだけではなく、自分が会社を評価する場でもある**」と考えることです。

面接担当者と話しながら、「この会社に本気で入りたいと感じるか？」「この人たちと一緒に働きたいか？」「自分にマッチする会社なのか？」を考えてみましょう。そうすれば、冷静になれるはずです。

さらに、身だしなみの確認も忘れないでください。

面接担当者は、候補者が面接会場に入ってきた姿をひと目見て、第一印象を持ちます。その時間は、わずか5秒間ほどです。第一印象が悪くならないように、髪や足元などの「体の先端のパーツ」に注意して、身なりを整えましょう。面接会場に入る前は化粧室などの鏡の前に立ち、体の前と後ろから確認していきます。

意外と忘れがちなのが、姿勢をよくすることです。座っているときも歩くときも、正しい姿勢を心がけましょう。

このような事前準備と直前準備をしっかりと行なえば、面接担当者に「入社への本気度」や「ビジネスマナーが身についている」ことが伝わります。

Check!

深く質問されても答えられるように準備しよう

\ Tips /

3

面接自己PR

就職の面接では、「自社の求める人物か?」を判断するために、面接担当者が「候補者の人柄」を知りたがっています。面接の自己PRで、成果だけを話して満足する人がいますが、それでは人柄が伝わりません。そうではなく、**「気持ちがどのように変化したのか」を入れながら、人柄が伝わるエピソードを具体的に話していきましょう。**

「自分らしさ」がにじみ出るエピソードを話す

緊張しながらでも、うまく個性を伝えたいのであれば、成果だけを話さないことです。

たとえば就職の面接で、「バレー部の活動で落ちこんでいたとき、自分を励ましてくれたコーチの言葉で、どん底からはい上がることができました」と話す学生がいます。

しかし、その言葉を面接担当の立場で聞いたとき、人柄を理解できるでしょうか？**「どのような言葉に影響を受けて、考え方はどう変化したのか」までを聞かなければ、人柄は見えてこない**はずです。

そこで、**自分の人柄を伝えたいときは、エピソードを深掘りして話しましょう。**

たとえば、「部活で結果を出せず、努力することを諦めてしまいそうでした。しかし、尊敬していたコーチから『才能だけで勝ち続けることはできない。お前のように人知れず練習を積み重ねている人間が最後は勝てるんだ』と言われて、結果が出るまで諦めずに練習し続けようと思い直すことができました」と「コーチの言葉」や「気持ちの変化」を具体的に話すのです。そこまで聞けば、面接担当者は候補者の人柄をつかむことができるはずです。

イメージしやすい場面に、自分の思いをのせて話す

エピソードを話すときは、「聞き手が共有体験できそうな場面」を想定して、そこに自分の思いを深掘りしながら話してください。

たとえば面接の自己PRで、「私は努力家です。大学のサッカー部では、集合時間の1時間前にはグラウンドに行き、ドリブルの練習していました」と話すだけでは、充分ではありません。「1時間前から練習した理由」が伝わらないからです。

そこで、「どうして1時間前から練習しようと思ったのだろう？」と自分の気持ちを見つめます。そうすれば、「あのときはこんな気持ちだったな」と自分の気持ちに気づいて、その気持ちを話せるはずです。

その結果、「1年前まで大学のサッカー部でレギュラーになれず、悔しい思いをしていました。レギュラーになれない理由をチームメイトに質問したら、『だって、お前ドリブル下手じゃん』と言われ、自分はドリブルが下手であることに気づいたのです。それからは集合時間の1時間前にはグラウンドに行き、ドリブルの練習をし続けました。そして半年後、レギュラーになることができました」と自分の思いを具体的

に話せます。そこまで話せば、聞き手は人柄をつかみやすくなるでしょう。

このような話し方ができる人は、たとえ部活では県大会の2回戦で破れても、面接の場面では、全国大会で優勝した学生に勝てるのです。

まわりの人に「自分の個性」を教えてもらう

しかし、自分の個性がわからなければ、エピソードを深掘りして話すことができません。そこで、**自分の個性をつかむために、まわりの人に「取材」してみましょう。**

たとえば家族や友人に、「私のどこに個性を感じる？」「個性を感じたエピソードは？」と質問します。自分にとってごく自然な振る舞いや発言であっても、まわりの人から見れば、そこに個性があると感じているかもしれません。それは、自分自身でなかなか気づけないものです。

その教えてもらった個性をもとに、「その行動をなぜ起こしたのか？」「その言葉をなぜ言ったのか？」と自分自身に問いかけてみましょう。そうすれば、自己PRがひとつ完成します。

第三者の目をとおして個性を見つける方法は、商品PRのときにも使えます。

たとえば、新商品のモニタリングで、モニターの人に「とくに使い心地がよかった部分はどこですか?」と質問します。すると、開発側が予想していなかった回答が返ってくるかもしれません。それが商品のPR材料になるはずです。

さらに、**自己PRをまわりの人に話して、その感想をもらいましょう。「聞き手目線」で伝える練習を繰り返せば、人柄が伝わるエピソードを語れるようになる**からです。

これは、私が講師を務めるアナウンススクールでも使っている方法です。

アナウンススクールでは、ひとりの学生の自己PRを生徒全員で聞いて、その感想を伝え合います。そのとき、自己PRを話した生徒は、ほかの生徒から「それでは人柄がわかりません」と言われたら、「人柄を伝えるためには、どこを具体的に話せばいいんだろう?」と改善点に気づけるのです。

このような思考のトレーニングを繰り返していけば、「ここまで深く話さなければ、人柄は伝わらない」と理解できるようになります。

成果だけを話しても、そこに行き着くまでの考え方が伝わりません。個性を伝えるために、聞き手目線で話す練習を繰り返しましょう。聞き手に納得してもらえる話し方ができれば、緊張していても自分らしさは伝わります。

Check!

「自分らしさ」を伝えられるように準備しよう

\ Tips /

4

グループディスカッション（GD）

採用選考プロセスにグループディスカッション（GD）やグループワークをとり入れている企業も多くあります。アナウンススクールでも、GDを指導していますが、苦手だという学生も少なくありません。どのようなことを意識すれば、選考を通過できるのでしょうか。

GDでなにがわかるのか？

学生からよく聞かれるのは、「いったいなにを基準に判断しているのですか？」という質問です。なかには、「人がいっぱいいるディスカッションで私のなにがわかるのですか？」とストレートに聞いてくる学生もいます。

企業側の目的は、「自分の意見を主張できるか」「相手の意見に耳を傾けられるか」「話の進め方に協調性があるか」を確認することです。

これにくわえて、業界や企業、職種に求められる適性を、企業ごとに設定しています。アナウンサーの場合、とっさに話を振られても反応できる「反射神経のよさ」や、場を盛り上げるような「会話のセンス」「会話の流れをつくる力」などを判断します。

コミュニケーションのとり方やキャラクターなどについては、個人面接の場だけでは評価しづらいものですが、大人数のＧＤの場であれば見えやすくなります。

「話す」「聞く」「投げる」を意識する

まずＧＤが始まる前に、同じグループになった人と、簡単に自己紹介しあったうえで、「○○さん、今日はよろしくお願いします」とあいさつして、すこしでも心の距離を近づけるようにしましょう。すると、お互いに緊張がほぐれ、話しやすくなります。

ＧＤが始まったら意識したいことは、「話す」「聞く」「投げる」です。

たとえば、「サッカー日本代表がワールドカップでベスト８に残るには？」というテーマで、５分間ディスカッションすることになりました。そのとき、サッカーが好きでくわしい人は、ひとりで何分間も話したくなるかもしれません。

しかし、何分間も話せば、ほかの人が発言できませんし、他人の話を聞く姿勢も見せられません。ですから、自分ひとりでペラペラ話すのはNGです。仮に、テーマが自分の得意ジャンルだったとしても、人の話を聞くことを意識します。

たとえば、「ロシアワールドカップは、後半の試合終了間際で逆転されて、本当に残念でしたよね」くらいで話をとめます。そうすればほかの人たちは、「あのゴールシーンは◯◯だったよね」と話を広げることができます。そのあとで話をまた引きとり、「解説者によると……」と自分の意見を話すのです。

もし、あまり話していない人がいたら、「◯◯さんはどう思いますか？」と質問を投げて、そのあと自分の意見を話しましょう。

このように、「話す」「聞く」「投げる」を意識して、全員で話すためのリズムをつくってください。

会話のリズムをつくる「フレーズ」

全員で話すためのリズムを壊すようなことはしてはいけません。

たとえば、**だれかの話を横どりするのはNG**です。ほかの参加者の発言を途中でさえぎって、自分の話を切り出す人がいます。これではやはり「人の意見を聞く耳がない」と判断されてしまいます。

大切なのは、**人の意見に対してリアクションすること**です。**「わかります」「そうですよね」**と相づちを打ったり、うなずいていたりすると、話を聞いていることが伝わります。

ただし、**人の意見を聞くばかりでもダメ**です。ほかの参加者の意見を聞き終えたら、自分の意見を発言しないと、アピールにならないからです。

「○○さんも言ったように」というフレーズで、前の発言に新しい視点をくわえて発言できると、他人の意見を聞く姿勢と自分の意見を話す姿勢の両方をアピールできます。

さらに、**自分の意見のあとに、「いかがでしょうか」とフレーズをくわえれば、ほかの参加者に投げかけることができ、会話のリズムをつくる姿勢も見せられます。**

前の発言に同意しなければならないわけではありません。論理的に反対意見を述べられれば、選考担当者の目にとまることもあります。

この場合、相手を尊重しながら話すことが大切です。

「先ほどの○○さんの話は、□□の点からすると、△△ではないかと私は思うのですが、いかがでしょうか？」

などと言えば、発言者の意見を真正面から否定することなく、新しい別の意見を伝えたうえで、ほかの人に投げかけることもできます（184ページ参照）。

このように**新しい意見を述べると、「話す」「聞く」「投げる」のリズムをつくりやすくなり、議論も深まります。**

司会になっても「仕切る」だけで終わらない

学生のあいだでは、「GDでは司会が有利」とまことしやかにささやかれているようです。**結論から言うと、「司会をするだけで有利」ということはありません。**

司会になっても、議論の流れをつくったり、参加者の意見をまとめたりするだけでは厳しい選考を通過できません。それでは、「自分の意見を話す」ことができていないからです。「司会者は中立の立場だから、自分の意見を発表しない」などと遠慮せず、自分の意見も話すようにしましょう。

理想的なのは、「私は□□だと思いますが、○○さんはどう思いますか？」と参加者の意見を引きとって、そこに自分の意見を乗せながら、ほかの人に話を振っていくことです。

司会が有利だとされるのはなぜかを考えると、司会をその場でさっと引き受けるような人は、ふだんから「話す」「聞く」「投げる」をできている人が多いからです。

ここで紹介した「話す」「聞く」「投げる」という姿勢は、会話のリズムをつくるものであり、司会にかぎらずGDの参加者全員に求められるものです。ふだんの会話のなかでも、「話す」「聞く」「投げる」を心がけましょう。

これを意識して会話のリズムをつくることができれば、議論を建設的なものにする姿勢があると評価され、選考を通過できるでしょう。

"Check!"

「話す」「聞く」「投げる」で全体のリズムをつくる

\ Tips /
5

退職のあいさつ

それまで勤めていた会社を退職するとき、最終出社日のミーティングや送別会などで、あいさつを求められると緊張する人が多いでしょう。

「立つ鳥あとを濁さず」「有終の美」という言葉があるように、日本人の美意識として「最後を美しくしたい」という美学があります。**退職のあいさつの目的は、ポジティブな言葉を選んで感謝の気持ちを伝え、好印象のまま別れることです。**

感謝の気持ちをラッピングする

たとえば会社を退職することになったとき、最後にどのようなあいさつをするでしょうか。

なかには最後に、「入社したばかりのころから毎日つらかった」と溜めこんでいた会社への不満を思い切りぶつけたくなる人がいるかもしれません。しかし、それを聞いた上司や同僚は、「そんなに嫌な仕事を頼んでいたのか」と罪悪感を覚えたり、「一緒に働いていたけど全然気づかなかった」と悲しい気持ちになったりするはずです。

一緒に働いた仲間をネガティブな気持ちにさせないように、最後は感謝の気持ちを伝えたいものです。

かりに、つらい思い出が多かったとしても、「苦しいこともたくさんありました。でも、その苦しかった経験のおかげで、私は人間としての幅が2倍にも3倍にも広がり、成長することができました」と話します。このように**苦しかった経験をポジティブな言葉に言い換えましょう。**

そうすれば、聞いている人は「仕事を任せてよかった」「一緒に働けてよかった」と明るい気持ちになれるはずです。

あいさつの時間に余裕があれば、一緒に働いた人たちの長所を伝えることもできます。

たとえば、「○○くんの、ハキハキしたあいさつの声に、いつもやる気をもらっていた」「○○さんは、すばらしいアイディアを出してくれて尊敬していた」と話したあと、「ですから、この部署の未来は明るいと思う」と言って締めます。

このように、最後はお互いが気持ちよく感じる言葉を選びたいものです。退職するときのあいさつでは、**それまでの思い出を「感謝の気持ち」でラッピングして、美しく別れを告げましょう。**

退職する人を見送るときには「長所」を伝える

退職する人を見送る立場になったときは、「退職する人の長所」を具体的に伝えてみてはいかがでしょうか。そうすれば、相手の心に残るあいさつができます。

私は、29歳でテレビ朝日のアナウンス部を退職しました。

退職する私に、当時『ニューースステーション』のスポーツコーナーを担当していた朝岡聡アナウンサーが、「僕は、由佳の体を張った災害時のリポートが好きだった」と伝えてくれました。失敗ばかりのアナウンサー人生のなかで、朝岡さんが長所を見つけてくれたことが未だに忘れられません。

とくに「○○が好きだった」という言葉には、心を揺さぶられるものです。

また、退職する人とのかかわり合いは、ポジティブに話すことです。「鍛えてもらって感謝しています」「あのときのご恩は一生忘れません」などと感謝の言葉を話すようにしてください。

さらに、**あいさつの最後には、そのあとのすばらしい人生を予感させるような言葉や今後もお付き合いしていきたいという気持ちが伝わるような言葉を贈ります。**

たとえば、「これから剣道のすばらしい師範として、ご活躍されることと思います。私も近所に住んでいますので、息子が剣道を習うときには、ぜひお世話になりたいです」などと言えば、その言葉を受けとった人はうれしくなるはずです。

退職する人も見送る人も、最後はお互いに気持ちよく別れて、それぞれのつぎのステップに進みたいものです。過去の経験をポジティブな言葉で言い換えれば、最後によい印象を残すことができます。

Check!

感謝の気持ちを伝えて、さわやかにつぎに進もう

COLUMN

名優の「余裕」を感じさせるスピーチ

スピーチの達人は、「前の人が話した内容」を受けて話を展開し、その場にいる人たちに感動をもたらします。

2011年の脚本家の市川森一さんの葬儀で、俳優の西田敏行さんが弔事を読んだときのことです。西田さんの前に弔事を読んだのは、同じく俳優の役所広司さんです。

役所さんは、「市川先生、僕が市川先生のところに行ったら、一番いい役を僕にくださいますよね」と弔事を読みました。

そのあとに続いたのが、西田さんの弔事です。西田さんは手ぶらでマイクの前に立ち、遺影に向かって、「市川先生、先ほど役所君が『僕に一番いい役を』とおっしゃっていましたけど、僕のほうにもっといい役をくださいますよね」と話しかけたのです。

私は、役所さんの言葉を受けた西田さんのスピーチを聞いて、「弔事でこんなことが言えるなんて。さすが超一流の俳優は違う」と感動してしまいました。

市川森一さんの遺影が心から微笑んでいるように見えて、その人柄を偲ぶことにもなったのです。

このように前の人の話を受けたスピーチは、余裕とユーモアを感じさせ、知的な印象を周囲に与えるものです。スピーチ上級者のテクニックだといえます。複数の人が順番にスピーチする機会に備えて、頭の片隅に置いておくといいでしょう。

緊張できる瞬間がある幸せ――おわりに

本書を最後までお読みいただき、ありがとうございました。

緊張しても話せるようになるヒントは見つかったでしょうか？　みなさんにとって役立つヒントが、ひとつでも見つかれば幸いです。

私が本書でなによりも伝えたいことは、「緊張からは逃れられない、だからこそ緊張を話すエネルギーに変えよう」ということです。

緊張する場面で不安や焦りを感じることは、生まれ持った性格なので仕方ありません。程度の差はあれ、みんなが緊張しながら本番の舞台に立っています。ですから、緊張とうまく付き合うための方法を身につけることが大切です。

私は本書をつくりながら、「緊張とはなにか？」を考えて毎日を過ごしてきました。するると、毎週の授業でさえ、「生徒は私の話を聞いてくれるだろうか？」「意表をついた質問に答えられるかな？」と考えて緊張している自分がいたのです。

もちろん、緊張する場面は仕事だけではありません。プライベートでも、子どもが無事に過ごしているかどうかを考えると、また胸がドキドキします。

ただ、そのような仕事や家庭での刺激がなにもなく、ただ単調な毎日を過ごせば、味気ない生活になってしまうでしょう。緊張で胸がドキドキしている瞬間に、「生きている」と実感できるからです。

そもそも、緊張は人付き合いのなかで生まれますから、緊張する瞬間があるのは幸せなことだと思います。ですから、その緊張をエネルギーに変えながら、本番で話すことを楽しみましょう。

もうひとつ、心にとめておいてほしいことがあります。それは、緊張している自分を駄目だと思わないことです。

緊張は、やる気の表れです。「うまく話してよい仕事につなげたい」「相手とよいコミュニケーションをとりたい」と前向きに思っているからこそ緊張します。緊張している自分に気づいたら、「やる気が上がってきた」と考えましょう。そのやる気をエネルギーに変えるためにも、準備は必要不可欠です。

たとえ全体的にたどたどしく、言葉にも詰まって、かっこよくない話し方になってしまっても、「伝えたい」という思いを大事にしてください。「これだけは伝えたい」という目的を達成できれば、その途中での失敗は大きな問題ではありません。

人前で話す行為は、話の内容、発音や発声、表情、立ち居振る舞いなどのすべてを整えて行なう「総合芸術」です。それは一生をかけて極めていくことであり、急に今日から100％の作品を仕上げる必要はないのです。緊張しつつも、「1分以内に話せるようになった」「1回も噛まずに話せるようになった」とすこしでも成長できた自分をほめてあげましょう。

また、緊張する場面で話すことは、「自分が成長できるチャンス」です。それは目の前にそうそう現れません。そのチャンスをつかんで乗り越えた先に、自分を成長させてくれる「なにか」がかならず待っています。

本書でご紹介したノウハウは、私に緊張しながら話すことの大切さを教えてくれた方々のおかげで生まれました。

自分の考えを秒単位にまとめて発信する生放送の怖さと緊張感を教えてくれたテレビ朝日や、初めて訪問する企業で話す緊張感を与えてくれた研修会社のみなさま、意表を突く質問で緊張感を与えてくれたテレビ朝日アスクと大妻女子大学の生徒のみなさまに、この場を借りて感謝いたします。

それから、小さかったころ毎日のようにアクシデントを起こして、緊張を乗り越える術を教えてくれた息子2人にも、「お母さんを緊張させてくれてありがとう」と伝えたいと思います。

本書を書くにあたり、お世話になった日本実業出版社のみなさまと、本の取材から執筆まで全面的にお力添えをくださった流石香織さんにも心より感謝申し上げます。

そしてなにより、本書を手にとってくださった読者のみなさまに、心よりお礼申し上げます。本書でご紹介したノウハウが、みなさまのお仕事や生活のなかでお役に立てば、こんなにうれしいことはありません。

緊張する自分を愛おしく思ってください。

渡辺由佳（わたなべ　ゆか）
1964年、東京都生まれ。慶応義塾大学法学部政治学科卒業。テレビ朝日にアナウンサーとして入社。報道から社会情報番組まで多数の人気番組を担当。1993年に独立。以後、フリーアナウンサー、話し方講師としての活動を始め、テレビ朝日のアナウンススクールで指導を行なうほか、みずほ総合研究所㈱、SMBCコンサルティング㈱などで「ビジネスマナー」「コミュニケーション」「ビジネスメール」をテーマに企業向けのセミナー講師も務める。2016年より大妻女子大学文学部非常勤講師を務める。著書に、『好かれる人が絶対しないモノの言い方』『会話力の基本』（ともに日本実業出版社）、『スラスラ話せる敬語入門』（かんき出版）、『気の利いた「ひと言」辞典』（講談社）などがある。

ブログ：渡辺由佳の素敵なことば探し
https://ameblo.jp/sutekinakotoba/

どんなに緊張《きんちょう》してもうまく話《はな》せる！
「言《い》いたいこと」が思《おも》いどおりに伝《つた》わる話《はな》し方《かた》のコツ

2019年 12月 20日　初版発行

著　者　渡辺由佳
発行者　杉本淳一

発行所　株式会社日本実業出版社　東京都新宿区市谷本村町3-29 〒162-0845
大阪市北区西天満6-8-1 〒530-0047
編集部 ☎03-3268-5651
営業部 ☎03-3268-5161　振　替　00170-1-25349
https://www.njg.co.jp/

印刷／壮光舎　製本／共栄社

この本の内容についてのお問合せは、書面かFAX（03-3268-0832）にてお願い致します。
落丁・乱丁本は、送料小社負担にて、お取り替え致します。

ISBN 978-4-534-05743-3　Printed in JAPAN